블록체인과 가상화폐 투자 전략

– 가상화폐의 출현 배경과 미래 –

이현재 · 이대희

pnc
publishing and culture
피앤씨미디어

머리말

지난 십여 년 동안 세계금융시장은 과잉 공급된 국제유동성으로 인해 저금리 기조를 유지해 왔다. 그 주된 원인 중의 하나로 파생금융상품이 지목되고 있다. 이런 국제금융 환경은 미국발 금융위기와 그리스의 재정위기로 이어져 세계금융시장이 감당할 수 없는 금융위기를 초래했다. 더구나 금융위기를 해결하는 과정에서 기존의 금융권은 오히려 스스로의 독점력을 강화했다는 평가를 받고 있기 때문에 많은 사람들이 기존의 금융제도에 대한 혁신이 필요하다는 사실에 공감하고 있다.

4차 산업혁명은 기존의 산업 발달과정과는 다른 차원으로 진행되고 있다. 지금까지 인류는 정신적 또는 육체적 한계를 극복하기 위해 다양한 형태의 도구나 기계를 발명하여 자신의 편의를 도모하는 데 활용해 왔다. 그리고 이를 바탕으로 대규모 생산체계를 구축해 경제효율성을 제고하기도 했다. 그러나 4차 산업혁명은 우리가 발명한 기계의 통제를 받으며, 기계와 경쟁해야 하는 환경을 조성할 것으로 예상하고 있다. 이뿐만 아니라 4차 산업혁명의 핵심기술을 기반으로 한 인공지능과 경쟁하는 과정에서 인공지능의 인격을 걱정해야 하는 상황에 직면하게 될 것으로 생각되기도 한다.

세계금융시장의 현안이나 4차 산업혁명 과정을 이해하기 위해서는 우리의 경제적 또는 사회적 체계가 인터넷을 바탕으로 지속적인 분권화 과정을 거쳐 왔고, 사회적 의사결정 과정에 개인의 가치를 반영하는 시스템이 형성됐다는 사실을 인식해야 할 것이다.

블록체인을 기반으로 한 비트코인은 불특정 다수에 의해 통제되는 탈중앙집중화를 전제로 한다. 따라서 비트코인의 출현은 경제 및 사회제도의 분권화나 개인의 가치가 존중되는 체계에 걸맞은 화폐제도로 받아들여지고 있다. 이뿐만 아니라 비트코인을 기반으로 하면서 비트코인의 기능을 보완하기도 하고, 또한 확장하기도 한 수많은 알트코인이 등장하고 있다. 가상화폐는 이미 현실경제 속으로 진입해 상품거래를 원활하게 지원하기도 하고 거래소를 통해 법정화폐와 서로 교환되면서 금융자산으로 기능하기도 한다.

정부나 금융당국의 개입 없이 전 세계 누구나 함께 발행하고 사용할 수 있는 가상화폐는 금융시스템에 있어서 획기적인 국면 전환임에 틀림없다. 가상화폐를 바라보는 시각은 다양하지만 일반적으로 인터넷의 등장 못지않게 향후 세계의 경제나 사회구조 재편 과정에 큰 영향을 미칠 것으로 예상하고 있다.

이 책은 비트코인을 비롯한 알트코인과 같은 가상화폐의 출현 배경과 미래에 관한 논의이다. 제1장은 금융부문으로 인한 가상화폐의 출현 배경에 관한 내용이고, 제2장은 실물부문으로 인한 가상화폐의 출현 배경에 관한 내용이다. 제3장에서는 가상화폐의 발전 과정, 커뮤니티 형성, 블록체인의 구조, 채굴 난이도, 거래소 현황 및 비트코인 거래를 위한 지갑과 주소 등을 설명하고 있다. 그리고 이더리움, 리플, 라이트코인, 대시 및 넴 등과 같은 다양한 알트코인의 특징을 비교 분석하고 있다. 제4장은 비트코인 거래 현황, 국내외 가상화폐 거래 동향, 가상화폐의 가격 결정 구조, 안전자산과 비트코인 분석 및 가상화폐 관련 법규 등에 관한 내용이다. 그리고 제5장은 가상화폐의 미래와 발전방향과 관련된 내용이다.

블록체인과 이를 바탕으로 한 가상화폐 분야는 아직도 발전 과정의 초기 단계에 있다. 이 책을 집필하는 동안 이 분야에서 이미 유용한 자료와 데이터를 축적해 주신 분들과 기관으로부터 큰 도움을 받았다. 이 책의 출간을 위해 지원을 아끼지 않은 서정 테크놀로지에 감사드린다. 출판과 편집 과정에서 많은 노력과 정성을 다해 주신 피앤씨미디어, 마인드탭의 최준규 이사, 심성보 이사, 그리고 편집 관계자들에게도 감사드린다.

이 책이 가상화폐에 관심 있는 독자들에게 가상화폐의 현실을 이해하는 데 조금이나마 도움이 되기를 바란다.

2017년 10월

이현재 · 이대희

차 례

1

Chapter 1

화폐와 금융경제

01

화폐의 기능

경제활동은 생산에서부터 시작된다. 일단 생산과정을 통해 경제적 가치가 있는 재화나 서비스가 창출되면, 그 다음 단계로 생산과정에 참여한 경제주체들이 생산에 기여한 만큼 분배를 받고, 상호 간에 필요한 재화나 서비스로 교환하여 경제활동의 종착점인 소비지출을 통해 경제의 순환 고리가 완성된다. 이 과정에서 재화나 서비스를 교환할 때 화폐의 개입이 없다면 물물교환에 의존해야 하기 때문에 과다한 거래비용을 지불하게 된다. 더구나 경제규모가 확대되면 물물교환에 의한 경제활동은 사실상 불가능하다. 그러므로 다양한 형태의 화폐는 원시 경제공동체에서도 자연발생적으로 생겨났다.

화폐는 한 개인이 다른 개인으로부터 재화나 서비스를 구입하기 위해 사용하는 다양한 형태의 자산으로 규정되는데, 화폐는 기본적으로 가치 척도의 기준이 되며 교환의 매개 수단, 회계 단위 및 가치 저장 등의 기능을 수행할 수 있어야 한다. 따라서 화폐는 어떤 자산을 교환의 매개수단으로 얼마나 쉽게 바꿀 수 있는지의 정도를 의미하는 유동성liquidity이 가장 큰 자산이다.

시대적 상황이나 경제구조에 따라 다양한 형태의 화폐가 사용되는데, 조개, 돌, 금 및 은 등의 상품화폐commodity money는 물물교환을 간접적으로 돕는 기능을 수행했다. 특히, 초기단계의 경제공동체에서 그랬다. 기호화폐symbolic money는 국가 또는 통화당국이 보유한 금이나 은을 기반으로 발행하는 명목화폐다. 주로 지폐나 주화가 이에 해당한다. 통화신용시스템이 구축되고 금융기관이 체계화된 후에는 국가가 제정한 법률과 규정에 의거하고 중앙은행의 정책적 판단에 의해 법정화폐legal tender가 발행되고, 민간부문에서 시중은행을 비롯한 금융기관을 통해 신용화폐credit money가 창조된다.

한 공동체에서 구성원들 간에 합의가 이뤄지기만 하면 어떤 물품이라도 실물경제에서 구매력을 갖는 화폐가 될 수 있다. 이는 19세기 마이크로네시아Micronesia

연방의 야프제도Yap islands에서 화폐로 사용했던 돌인 페이Fei stone의 사례를 통해 서도 알 수 있다. 인구 5~6천 명 정도의 비교적 작은 경제공동체인 야프제도에서는 돌 바퀴인 페이로 화폐거래를 하고 있었는데, 큰 돌덩이인 페이Fei stone가 화폐거래의 경로를 따라 이동하지 않고도 지불수단이나 채무관계를 청산하는 데 원활하게 기능하고 있었다. 심지어 화폐로 사용하기 위해 채굴된 페이Fei stone를 운반하던 도중에 폭풍우를 만나 바닷속으로 가라앉은 경우에도 채굴과정에 함께 있던 사람들이 입증하기만 하면 "화폐발행"을 인정하고 분실된 페이Fei stone만큼의 재산권을 인정했다고 한다. 신뢰와 신용의 확립이 화폐제도의 근간이 된다는 것을 입증한 사례다.

화폐의 기본적인 기능은 경제공동체 안에서 교환을 원활하게 매개하는 것이다. 이것을 화폐의 중립성neutrality이라고 한다. 화폐가 중립적이면 화폐는 실물부문에 아무런 영향을 미치지 못하고 단지 거래의 매개수단으로서만 기능한다. 그러나 경제구조가 복잡해지면서 화폐의 기능은 지속적으로 확장돼 왔다. 화폐가 자산이 되면서 금융상품의 일부가 되어 주식이나 채권과 같은 다른 금융자산과 대체 또는

FYI for your information

전쟁포로수용소POW와 담배 화폐

다수의 전쟁포로가 수용돼 있는 수용소에서 생필품을 무작위로 지급했더니, 스스로가 필요한 물건을 확보하기 위해 서로 교환하는 시장이 형성되었다고 한다. 이 시장에는 화폐가 없었기 때문에 물물교환의 형태에 의존할 수밖에 없게 되자, 교환을 원활하게 하기 위해 담배가 화폐 대용으로 활용됐다고 한다. 왜냐하면 담배는 모든 포로들이 소지하고 있는 공통의 물품일 뿐만 아니라, 모두가 선호하고 가치를 분할할 수도 있기 때문이다. 더구나 부패하지 않기 때문에 비교적 용이하게 가치를 보존할 수도 있다. 이 경우는 포로들이 약속을 통해 스스로 화폐를 만들어 교환의 매개로 활용한 경우다. 이 과정을 통해 담배를 쌓아 놓고 부를 축적하는 포로도 있어서 관심의 대상이 되기도 했다고 한다.

보완되기도 하고, 불확실성이 존재하는 현실에서 현재와 미래를 연결하며 가치저장 수단으로 기능하게 됐다. 이때는 이자율이 개입해 화폐의 현재가치와 미래가치를 조정하게 된다.

국가가 화폐를 독점적으로 발행하게 되면서 통화당국의 판단에 의해 결정되는 화폐공급량은 경제상황을 정책적으로 조절하는 유용한 수단이 됐다. 이때부터 화폐는 스스로의 울타리를 벗어나 다양한 국가경제의 국면에서 능동적으로 기능하게 됐다.

화폐의 발행과 통화량

금융기관의 체계가 정립되지 못했던 초기 자본주의시대에 화폐는 단순하게 거래의 용이성을 확보하는 수단에 불과했다. 이때는 실물경제 규모에 부합하는 화폐량money stock을 발행해서 유통시키면 국가경제를 원활하게 운용할 수 있었다. 더구나 화폐 발행량을 국가가 보유한 금을 기준으로 하고, 화폐가치를 금의 일정량에 고정시키는 금본위제gold standard는 견고한 금융체계의 유지를 가능케 했다. 금본위제는 영국에서 19세기 초반에 실시된 이래 대부분의 서방국가들이 활용해 왔다. 그러나 1차 세계대전과 미국의 대공황 이후 전쟁비용 조달 및 경기부양을 위해 각국이 금 보유량보다 많은 화폐를 발행하면서 금본위제는 폐지됐다. 금본위제가 폐지된 이후에도 각국의 중앙은행은 불안정한 국제금융시장의 상황에 대처하고, 달러 가치의 하락에 따른 손실보전을 위해 여전히 금을 지불준비금international reserves의 일부로 보유하고 있다.

오늘날 각국의 화폐공급은 관리통화제도를 바탕으로 한다. 이 제도에서는 한 국가의 금보유량과 무관하게 중앙은행인 통화당국이 정책적 재량으로 발행한 법정화폐가 화폐시장에서 유통된다. 법정화폐는 그 자체의 경제적 가치가 크지 않기 때문에 일종의 차용증서IOU: I owe you 형태의 신용화폐다. 신용화폐는 화폐의 가치를

신용의 종류

구분	교환 신용	금융 신용
만기	단기	장기
목적	거래의 교환 지원	자본 형성 자금 공급
통화와의 관계	새로 창출된 통화	기존의 통화를 예금자로부터 기업에 재분배

출처: 토머스 H. 그레코 Jr. (2009)

보증하는 어떤 장치도 없이 발행된다. 그러므로 화폐발행의 주체가 기능을 상실하게 되면 법정화폐는 아무런 경제적 가치도 갖지 못한다. 실제 역사적으로 법정화폐가 화폐로서 기능을 완전히 상실한 경우는 여러 번 있었다. 개인에게 화폐는 언제나 소중하지만, 사회 전체로 보면 그 자체로는 별 쓸모가 없는 물건이 될 수도 있다.

관리통화제도에서 화폐공급은 통화당국인 중앙은행의 발권력과 시중은행을 중심으로 형성된 다양한 형태의 금융기관에 의한 신용창조credit creation를 통해 조절된다. 중앙은행이 국가재정이나 외환수급 상태를 고려해 본원통화high-powered money를 바탕으로 한 요구불예금demand deposit 형태의 파생적 통화를 창출함으로써 한 국가에서 유통되는 화폐공급량인 통화량money supply의 규모가 결정된다.

시중은행을 비롯한 민간부문의 금융기관이 신용창조 과정을 통해 화폐시장에서 유통되는 화폐량인 통화량을 공급하는 체제가 부분지불준비제도fractional reserve banking system이다. 부분지불준비제도는 민간부문의 금융기관에 개인이나 기업이 예금을 하면 법정지준율에 의해 일부는 지불준비금으로 예치하고 나머지는 대출을 통해 이자수익을 창출하는 체계를 의미한다.

본원통화는 중앙은행이 공급하는 화폐발행액과 민간부문의 금융기관이 중앙은행에 예치하는 지불준비금으로 구성되는데, 통화량은 본원통화와 부분지불준비제도를 바탕으로 민간부문의 금융기관이 구축하는 통화승수money multiplier에 의해

FYI for your information

금의 역사와 금본위제도

금은 희소가치와 물리적 특성으로 인해 오래전부터 화폐로 사용돼 왔다. 화폐로 금이 사용된 것은 기원전 2,600여 년 전부터이며, 현존하는 세계 최초의 금화는 기원전 550년쯤 터키Turkey의 리디아Lydia 지방에서 주조됐다. 19세기 중반부터 20세기 중반까지 대부분의 서방 국가들은 물가안정을 위해 중앙은행의 화폐발행량과 금보유량을 고정시키는 금본위제를 채택했다. 그러나 경제가 급속도로 팽창하면서 금의 공급량이 제한되고, 채굴과정에 많은 자원이 소모되며, 가격변동이 심한 점 등으로 인해 더 이상 화폐의 기능을 수행하기 어렵게 되면서 금본위제는 폐지됐다. 금본위제가 실시된 기간은 1816년부터 1933년까지다.

국가 경제의 안정성 확보를 위해 외환보유액을 운용하는 각국의 중앙은행은 상당량의 금을 갖고 있다. 2013년 말 현재 전 세계 중앙은행과 국제기구가 보유하고 있는 금은 약 3만 2천 톤이다. 미국이 8,133톤, 독일이 3,387톤, 국제통화기금IMF이 2,814톤, 이탈리아가 2,452톤 및 프랑스가 2,435톤의 금을 보유하고 있다. 우리나라의 한국은행은 104톤을 보유하고 있는데 이는 세계 34위다.

출처: 서울신문 · 한국은행(2015)에서 발췌 · 요약

결정된다.

통화량은 유동성의 정도에 따라 민간보유 현금잔액과 요구불예금 잔고의 합계인 협의통화(M_1), 협의통화에 민간부문 금융기관의 단기성 정기예금인 저축 예금 잔고를 합한 광의통화(M_2)로 구분한다. 그 외에 금융기관 유동성(LF)이나 총유동성(L) 등으로 구분하기도 한다.

연도별로 한국과 미국의 통화량 추이를 살펴보면 90년대까지 소폭의 증가세를 유지하다가 그 이후에는 큰 폭으로 증가하는 양상을 보이고 있다. 특히, 미국은 2008년 이후 통화량이 급등하는 추세로 전환됐다. 90년대 이후 통화량이 큰 폭으로 증가함에 따라 유동성이 과잉 공급되어 저금리 기조가 지속되는 원인이 됐다.

연도별 원화 통화량 추이

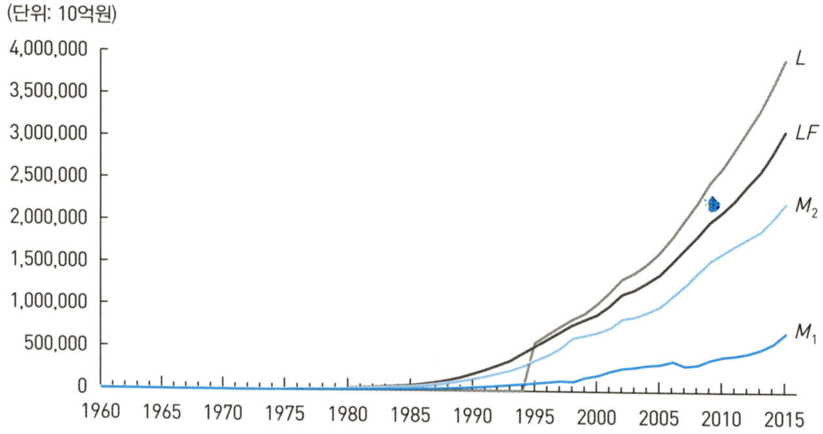

출처: International Financial Statistics, IMF

연도별 달러 통화량 추이

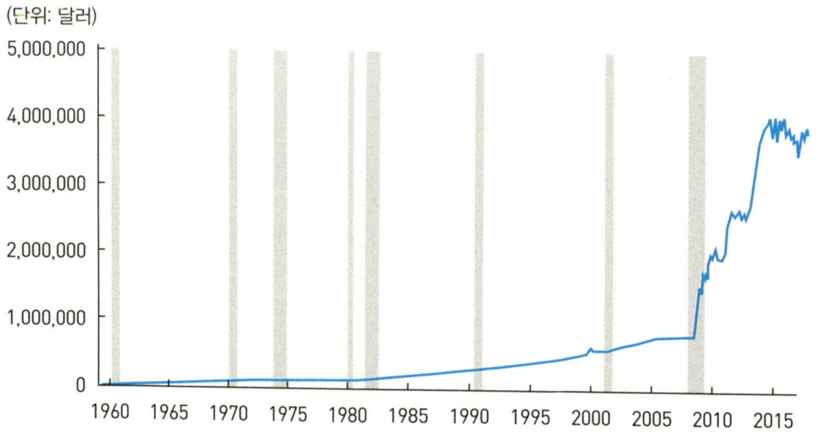

출처: Federal Reserve System, St. Louis

각국의 통화당국이 자국의 경제 상황만을 고려해서 통화량을 결정한다면 국제금융시장에서 화폐가치는 어떻게 유지될 수 있을까? 2차 세계대전 이전에는 국제금융시장에서 금과 영국의 파운드가 기축통화key currency의 역할을 수행하며 금융질서를 유지했지만, 브레튼우즈체제BWS: Bretton Woods system 이후에는 영국의 파운드가 달러로 대체되고, 35달러를 금 1온스ounce(31.1g)에 고정해서 교환하게 됐다. 그리고 국제통화기금IMF에서 발행하는 특별인출권SDR: special drawing rights도 국제금융시장에서 국제유동성을 관리하는 기능을 수행하기 시작했다. 특별인출권은 세계 주요국 통화인 달러, 유로, 위안, 엔 및 파운드 등을 바스켓basket으로 해서 발행하며 국제금융시장에서 달러와 대등한 가치를 유지하고 있다. 바스켓 구성의 통화별 비중은 달러 41.7%, 유로 30.9%, 위안 10.9%, 엔 8.3% 및 파운드 8.1%다.

브레튼우즈BWS체제는 베트남 전쟁으로 인해 미국의 재정적자가 급증하게 되고 국제금융시장에서 달러의 가치 유지가 불안정하게 되자 미국의 닉슨Nixon 정부는 1971년 35달러를 금 1온스ounce(31.1g)와 태환하던 체계를 폐지하고, 달러 가치를 외환시장에서 결정하는 변동환율제를 채택했다. 달러가 불태환 지폐로 전환되

FYI for your information

브레튼우즈체제BWS: Bretton Woods System

1944년 미국 뉴햄프셔 주 브레튼우즈에서 열린 통화금융회의를 통해 탄생한 국제통화체계로서, 협정에 따라 국제통화기금IMF과 국제부흥개발은행IBRD이 설립됐다. 이 기구들은 통화가치 안정, 무역진흥 및 개발도상국 지원뿐만 아니라 환율을 안정시키는 것이 주요 목표다. 달러를 기축통화로 하는 금본위제도를 실시하고, 35달러를 금 1온스ounce(31.1g)에 고정시키며, 다른 국가의 통화는 달러와 연계시키기로 했다. 그리고 국제통화기금IMF에서 특별인출권SDR을 발행해 국제유동성을 지원하기로 했다. 1973년에 세계 주요국들이 변동환율제를 채택함에 따라 브레튼우즈체제는 그 역할을 다하게 됐다.

출처: 위키백과

면서 세계금융시장은 앵커화폐anchor currency 없이 달러에 의한 기축통화제도를 운용하게 됐다. 이를 계기로 미국은 독자적인 통화정책을 수행해 자국의 국내경제를 안정화시키며 국제금융시장에서도 강력한 영향력을 행사하게 됐다.

이런 체계에서는 달러 가치가 변동해 하락하거나 상승하게 되면 세계의 모든 국가가 영향을 받게 된다. 미국이 국내 경제상황을 개선하기 위해 통화정책을 수행한다면 세계의 모든 국가가 간접적으로 이에 개입하는 것과 같다. 달러가 세계 모든 국가의 경제에 영향을 미치게 되면서 모든 국가는 달러를 대출받는 것과 같은 체제가 구축된 것이다. 미국은 채무불이행의 위험이나 무역적자를 걱정할 필요가 없는 국가다. 달러를 인쇄할 수 있는 국가는 미국뿐이기 때문에 발권에 따른 주조차익인 시뇨리지seigniorage도 독점하게 됐다. 사실상 오늘날 국제금융시장에서 미국 중심의 독점 금융자본이 형성되는 기반이 이때부터 구축됐다.

중앙은행제도와 화폐 권력

세계 각국의 중앙은행은 법정화폐를 독점적으로 공급하는 대신에 물가안정, 금융시스템 안정 및 고용확대 등의 국가적 경제 현안을 관리하기 위해 설립됐다. 영국의 잉글랜드은행Bank of England은 세계 중앙은행의 표본이 됐는데, 중앙은행은 일반적으로 물가안정에 정책적 초점을 맞추고 있으나 세계화가 진점됨에 따라 국가 간 경제적 연계성이 높아지고, 한 국가에서 발생한 금융위기가 신속하게 다른 국가로 전이되면서 금융시스템의 안정화도 중요한 관리 대상이 됐다.

권력이 부를 제도적으로 집중화하려는 시도는 중세시대부터 시작됐다. 그 당시 권력자들은 금화를 회수해 재주조함으로써 부를 자신들에게 귀속시키는 수단으로 활용했다. 즉, 귀금속의 함유량을 낮춰 옛 금화와 동일한 가치를 부여했다. 그 이후 영국의 잉글랜드은행이나 미국의 연방준비제도FRS: Federal Reserve System와 같은 각국의 중앙은행은 무담보 화폐발행이 가능한 발권력을 독점하면서 과도한 권한을 부여받게 됐다. 각국의 중앙은행은 법률과 규정을 강화하고 제도를 보완하며 스스로 중세시대 권력자의 위치를 대신해 왔다. 그리고 이런 지위의 확보는 금융질서를 확립한 대가이기 때문에 당연한 것으로 인식했다.

토머스 H. 그레코 Jr. Thomas H. Greco Jr.에 의하면 화폐시장에서 유통되는 화폐는 사실상 중앙은행과 시중은행을 비롯한 민간부문의 금융기관이 부채로 창출한 부채통화다. 부채통화는 원천적으로 화폐시장에서 온전한 기능을 수행할 수 없다. 그 이유를 살펴보면 우선, 모든 채무자가 금융기관에 부채를 상환하기에는 구조적인 희소성 때문에 언제나 화폐가 부족하다. 채무자가 금융기관에 부채와 이자를 상환하기 위해서는 금융기관이 채무자에게 추가 대출을 통해 화폐공급을 늘릴 때만 가능하다. 경제 주체들은 채무불이행을 해결하기 위해 희소한 화폐를 대상으로 경쟁을 해야 한다. 따라서 누군가는 반드시 실패할 수밖에 없고, 이것은 마치 화폐시장에서 "의자 뺏기 놀이"를 하는 것과 같다. 금융의 기득권층은 시장에서의 우위와 제도적 우위를 확보하고 있기 때문에 이 놀이에서 대부분 이긴다. 둘째, 이자지불로 인해 부가 채무자로부터 채권자로, 생산자로부터 비생산자로 이전된다. 소득이 낮은 경제주체는 순채무자이기 때문에 수령하는 것보다 더 많은 이자를 지불하게 되고, 고소득 경제주체는 지불하는 이자보다 수령하는 이자가 더 많다. 이 불균형은 쉽사리 역전되지 않는다. 셋째, 부채통화는 발행단계에서부터 분배에 왜곡이

주요국 중앙은행 현황

구분	한국은행	미국연방준비제도	유럽중앙은행제도	영국 영란은행
주요 특징	본부 및 16개 지역 본부로 구성	12개 지역별 연방준비은행과 연방준비제도 이사회로 구성	19개 유로 사용 국가의 중앙은행과 유럽중앙은행으로 구성	중앙은행 형성 과정에서 선도적 역할 수행
설립 시기	1950년 6월	1913년 12월	1998년 6월	1694년
주요 목표	물가안정과 금융안정	물가안정과 최대고용	물가안정	물가안정과 금융시스템 안정

출처: 서울신문·한국은행(2015)

나타난다. 발행된 부채통화는 정부의 적자재정에 쓰이고, 기업을 지원한다는 명목으로 영향력 있는 기업에게 우선적으로 배분된다. 이런 체계는 협상 창구가 단일화돼 있는 권위주의 정권을 선호하고, 부와 권력을 집중시킨다. 이제 "경제는 부채의 한계에 도달했고 파산 국면에 접어들었다"는 결론에 이르게 된다.

이런 형태의 부채통화가 국제금융시장에서도 거의 유사한 메커니즘을 통해 운용된다는 사실은 실로 놀라운 일이다. 미국의 화폐인 달러는 특정 국가에서 발행되는 부채통화임에도 불구하고 유일한 기축통화로 통용되고 있는 것이다. 화폐의 발권에 따른 주조차익을 특정 국가가 누린다는 것도 이해하기 어려운 부분이다. 국제금융시장에서 미국의 화폐권력은 지나치게 강화돼 있다는 것은 자명한 사실이다.

결제수단의 혁신

인터넷망을 바탕으로 한 정보통신기술ICT의 발달로 컴퓨터상의 네트워크가 구축되면서 금융기관의 결제수단에 큰 변화가 나타나 국내 및 국가 간 화폐의 흐름을 근본적으로 바꿔 놓고 있다. 국가 간 신속한 화폐 송금체계의 구축은 각국 경제의 동조화에 큰 영향을 미치기도 한다. 특히, 민간부문에서 대부분의 결제가 인터넷뱅킹, 폰뱅킹 및 모바일카드 등에 의해 이뤄지는가 하면, 핀테크FinTech의 등장으로 결제수단의 전자화가 더욱 가속화되고 있다. 이 과정에서 금융기관이 지나친 수수료를 부과한다는 인식이 팽배해 있기도 하다.

1973년에 설립되어 전 세계 금융기관들이 국가 간 금융거래 메시지를 교환하는 데 사용하고 있는 통신 네트워크인 국제금융통신망SWIFT: society for worldwide inter-bank financial telecommunition은 표준화된 메시지 형식을 기반으로 한 안정적인 서비스라는 평가를 받으면서 글로벌 금융통신 네트워크의 기준으로 정착됐다.

앨빈 토플러Alvin Toffler는 미래의 결제수단이 충족해야 할 조건을 다음과 같이 제시했다.

다양화하는 결제수단은 다음과 같은 3가지 새로운 분야의 발전으로 가속화될 것이다. 첫째, 사용자의 신원을 확인하는 신기술의 등장이다. 둘째, 다양하고 빠르게 변화하는 새로운 무선기술의 등장이다. 셋째, 광범위하고 급격한 소형화 추세이다. (〈부의 미래〉, 401쪽)

핀테크에 대한 인식이 높아지면서 이를 활용한 시스템이 기존의 시중은행 금융서비스를 대체함에 따라 송금, 결제 및 이체제도가 다양화되고 있다. 즉, 영국의 트랜스퍼 와이즈TransferWise와 한국의 페이 게이트PayGate 등은 해외송금 및 외환

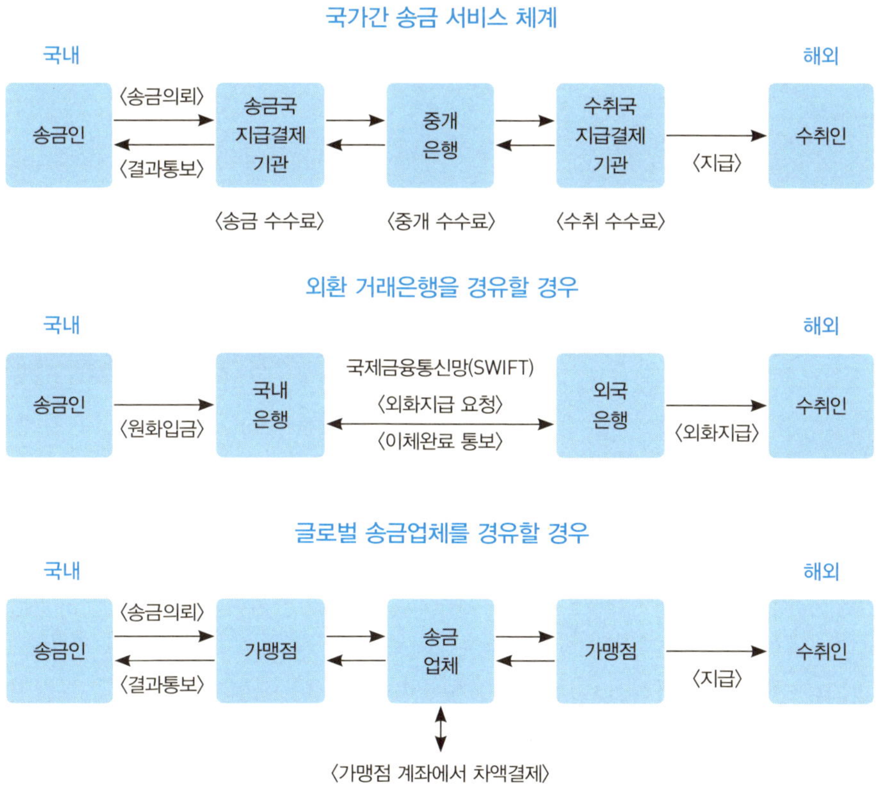

출처: 서울신문·한국은행(2015) 및 중앙일보(2014년 12월 14일) (재구성)

핀테크와 결합된 해외송금 서비스

구분	신한은행	국민은행	우리은행	KEB 하나은행	카카오뱅크
금융서비스	써니뱅크	리브뱅크	위비퀵 글로벌	1Q 트랜스퍼	해외송금
송금수수료	면제	면제	5천원	5천원(500달러 이하)	5천원(5천 달러 이하)
				7천원(500달러 이상)	1만원(5천 달러 이상)
별도수수료	전산 중개 수취	전산 중개 수취	중개 수취	수취	없음
서비스 국가	240개국	240개국	16개국	16개국	22개국
환율우대	50%	50%	50% (달러, 엔, 유로) 30% (기타 통화)	90%	50%

출처: KH 자산관리

결제 전문 핀테크 업체이고, 미국의 페이팔PayPal이나 한국의 페이코PAYCO와 토스Toss 등은 결제 및 이체에 특화된 금융서비스를 제공하고 있다.

파생금융상품의 등장

파생상품은 곡물, 원자재 및 귀금속 등과 같은 상품이나 외환, 주식 및 채권 등과 같은 금융자산의 가격변동으로 인해 발생할 우려가 있는 손실을 헤징hedge하거나 차액거래arbitrage에 의한 수익을 얻기 위해 거래되는 실물 및 금융상품이다. 파생상품은 상품이나 금융자산과 같은 기초자산underlying assets의 가치변동에 의해 가격이 결정되며, 개인이나 기업과 같은 경제주체는 파생상품을 활용해 위험을 관리하거나 재정거래 차익을 얻을 수 있게 된다. 그러나 대형 금융기관과 투자기관이 파생상품 거래에 참여하면서 기존의 금융체계가 통제할 수 없는 경제적 흐름을 창출하며 국제금융시장을 왜곡시키는 주요 요인으로 작용하고 있다.

파생금융상품 거래는 1970년대 블랙Black과 숄즈Scholes가 주식이나 채권을 기초자산으로 하는 파생금융상품의 옵션option가치를 수학과 확률적 기법을 활용한 이른바 블랙-숄즈모형을 개발하면서부터 활성화됐다. 성능이 크게 개선된 컴퓨터시스템과 경영학, 응용수학 및 응용통계 등을 바탕으로 한 금융공학financial engineering 또는 계산재무론computational finance에 의해 파생상품의 설계나 위험관리를 효율적으로 할 수 있게 됐다는 신념에 따라 파생금융상품의 규모가 급격하게 확대됐다. 컴퓨터시스템과 금융공학에 의존하면 금융상품의 관리가 더 이상 확률적 행태가 아니라는 믿음까지 나타나게 됐다. 심지어 부채를 기초자산으로 해서 파생금융상품을 개발하기도 했다. 파생금융상품 시장을 "개가 꼬리를 흔드는 것이 아니라 꼬리가 개를 흔든다"wag the dog는 말이 있을 정도다. 파생금융상품의 급격한 성장은 국제금융시장의 투기세력에게 실물부문보다는 금융부문이 부가가치의 원천이라는 확신을 심어주게 됐다.

2000년대에 이르러 파생금융상품은 중앙통제에 의한 전통적인 금융시스템을 붕괴시키는 수준에 이르게 됐다. 국제금융시장에 국제유동성이 지나치게 공급돼 오랜 기간 동안 국제금리LIBOR가 낮은 수준을 유지하게 되면서 화폐가치가 지나치게 하락하는 국면이 지속됐다. 이는 국제금융시장의 불안정성을 높이는 주요 요인으로 인식되고 있다. 특히, 파생금융상품 중에서 장외OTC: over-the-counter에서 거래되는 차액결제선물환NDF: non-deliverable forward은 과도한 레버리지leverage로 인해 금융시장에 미치는 영향의 예측을 어렵게 하고 있다. 세계 장외파생상품 규모는 693조 달러로 세계 총생산의 9배에 달하고 있다.

2000년 이후 기초자산별로 장외 파생금융상품의 추이를 살펴보면 2006년부터 2013년까지 높은 수준을 유지하다가 그 이후에는 급격하게 감소하는 추세를 나타내고 있다. 기초자산 중에서는 채권을 중심으로 한 이자율 기반의 파생상품이 주류를 이루고 있으며 지속적인 증가세를 나타내고 있다. 그러나 통화나 주식을 기반으로 한 파생상품의 규모는 상대적으로 낮은 편이다.

세계의 장외 파생금융상품 현황

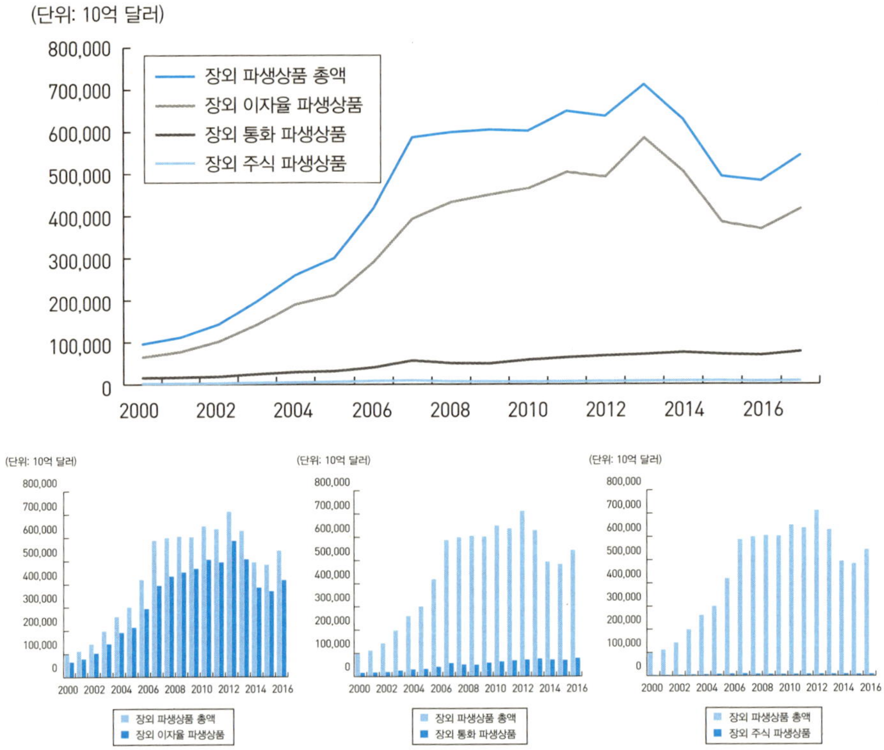

출처: 국제결제은행

세계화와 금융 불안: 미국발 민간부문의 금융위기

정보통신 기술을 기반으로 한 인터넷의 발달은 국가 간에 경제적으로나 사회적으로 연결성을 높여 세계화를 촉진시키는 기폭제가 됐다. 경제적 측면에서 세계화는 정부나 공공부문의 주도에 의해 이뤄지는 것이 아니라 수요와 공급을 바탕으로 한 시장을 통해 전개돼 왔다. 따라서 세계화는 설계도 없이 시장의 보이지 않는 손invisible hand에 의해 자연발생적으로 형성되는 특징이 있다. 단기적 충격에 신속하게 반응할 수 있는 금융자산의 국가 간 이동은 오히려 국제금융시장의 변동성을 높여 금융 불안을 야기하고 있다. 그리고 한 국가에서 발생한 금융 불안 요인은 손쉽게 세계의 다른 국가로 전파되기도 한다.

세계화의 심화에 따른 자본자유화는 자본의 효율적 배분 과정을 통해 국제금융제도의 효율성을 제고하고, 투자위험을 분산시키는 등의 긍정적 측면이 있는가 하면, 이로 인해 국제통화제도와 국제금융시장이 동조화하여 왜곡이 확산되는 부정적 측면도 있다. 이런 부정적인 영향은 지속적이고 반복적인 외환위기의 발생뿐만 아니라 국제화의 진전도 더디게 한다. 금융위기의 발생 원인은 투기적speculative 요인, 자기실현적self-fulfilling 요인 및 도덕적 해이moral hazard 등에 기인하는 것과 같이 다양하게 나타나 현실적으로 그 처방책도 용이하지 않은 실정이다.

2008년 9월 미국의 투자은행인 리만 브라더스Lehman Brothers가 비우량주택담보대출subprime mortgage로 인한 투자손실을 감당치 못하고 파산신청을 하면서 촉발된 금융위기는 전 세계적으로 급속히 확산됐다. 미국의 주택담보대출은 대출자의 신용등급에 따라 프라임prime, 알트에이Alt-A 및 서브프라임subprime 등으로 구분되는데, 이 중에서 서브프라임은 신용도가 낮은 대출자를 대상으로 하고 있다. 따라서 비우량주택담보대출은 저소득 가계가 주택을 구입할 때 주로 이용하는 대출 자금이다.

2000년대 초반 미국에서는 정보기술IT: information technology 산업의 버블bubble이 붕괴됐다. 국내 경제의 활성화를 위해 지속적인 양적완화easy money 정책을 수행해 오던 미국이 달러가치의 지나친 하락을 우려해 2004년부터 2006년에 걸쳐 긴축통화tight money 정책으로 선회했다. 이에 따라 그동안 유지돼 오던 저금리 체계가 와해되면서 부동산시장의 거품bubble이 제거됐다. 주택경기 침체로 인해 서브프라임 모기지subprime mortgage의 연체율이 급증하게 되면서 주택관련 기업의 부실 증가뿐만 아니라 주택관련 모기지mortgage를 기초자산으로 한 파생금융상품에 투자한 금융기관까지 연쇄적으로 부실하게 됐다. 이런 일련의 결과로 베어스턴스Bear

Stearns 매각, 페니메이Fannie Mae와 프레디맥Freddie Mac 국유화, 리먼 브러더스Lehman Brothers 파산, 메릴린치Merrill Lynch 매각 및 AIG 국유화 등의 대대적인 변화를 겪게 됐다. 미국 국내경제의 구조적 변화는 글로벌 금융위기로 확산됐다.

미국발 금융위기는 민간부문에서 발생한 것으로 국제금융시장에서 파생금융상품으로 인해 국제유동성이 과다하게 공급된 것에 기인한다. 미국의 주택관련 대출 금융기관이 더 이상 프라임prime 적용 대상 고객에 대한 대출의 여지가 없어지자 서브프라임subprime 적용 대상 고객에게도 대출을 확대했다. 그 결과 기존의 미국 주택시장이 경험하지 못했던 투자목적의 주택구입이 늘게 되어 한 가구가 다수의 주택을 보유하는 현상이 나타나게 됐다. 긴축통화 정책으로 인해 주택시장에 물량이 급증하면서 주택가격이 하락하게 됐다. 이어서 부동산시장이 침체되고 이로 인해 연쇄적으로 금융흐름에 왜곡이 나타나게 됐다. 이는 금융자본주의의 폐해가 경제시스템 속에서 제도적으로 나타난 경우로 이해되고 있다.

미국발 금융위기는 3차 산업혁명 과정을 거치면서 민간부문에서 자본이 더 이상 실물부문 지원에 머물지 않고, 스스로 경제적 가치인 부가가치를 창출하려고 시도하는 과정에서 나타난 부정적인 경제현상이다. 사실상 이보다 더 큰 문제는 미국의 금융위기를 수습하면서 기존 금융 기득권층의 독점력이 오히려 강화됐다는 점이다. 달러가 금태환을 포기하며 무담보 화폐로 전환했음에도 불구하고 오늘날까지 세계금융시장에서 기축통화로 남아 있다는 것은 이해하기 어려운 일이다. 더구나 미국발 금융위기 이후에도 그 위상이 회복됐다는 것도 이해하기 어려운 일이다. 당연히 세계의 모든 국가들이 미국경제를 지탱해 줄 필요는 없다. 미국발 금융위기를 통해 세계의 금융시스템을 재건됐어야 마땅하다.

2011년 9월 천여 명의 시민들이 미국 뉴욕에서 "월가를 점령하라"OWS: Occupy Wall Street는 구호를 외치며 행진을 했다. 금융위기의 세계적 확산에 대한 공감대가 형성되면서 이 여파는 여러 국가로 확산돼 세계 70여 국가에서 동조하는 시위가 이어졌다. 이는 기본적으로 금융위기 이후에 빈부격차가 극심해지고 세계경제

서브프라임 모기지 확산 경로

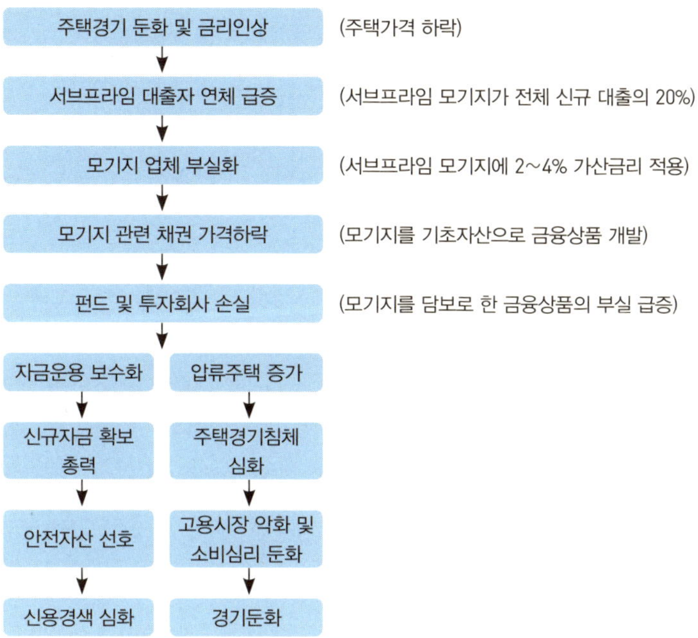

출처: 한국경제(2008년 5월 4일) (재구성)

가 위기 속에 있음에도 불구하고 월스트리트Wall Street 금융기관의 소수 그룹들은 여전히 수백만 달러의 연봉과 보너스를 받아 챙기는 현실에 대한 집단적인 반발이었다.

한 국가의 소득불평등 정도를 나타내는 지표가 지니Gini계수다. 지니계수는 대략 30% 미만이면 정책적으로 소득불평등을 통제 가능한 수준으로 평가한다. 1990년대 이후 영국과 미국의 지니계수는 지속적인 증가세를 보이고 있다. 특히, 2010년 미국의 지니계수는 45.6%에 이르고 있다. 미국의 소득불평등이 심각한 수준이고, 이런 경제현실의 밑바탕에는 금융독점에 따른 경제왜곡이 자리 잡고 있다. 월스트리트Wall Street의 시위는 금융독점의 폐해를 깊이 인식하는 계기가 됐다.

한국, 미국 및 영국의 지니계수

국가	지니계수					
	1960	1970	1980	1990	2000	2010
한국	–	–	–	25.6	26.6	28.9
미국	38.0	36.9	37.9	41.8	44.2	45.6
영국	26.1	25.0	24.0	32.3	34.8	35.7

출처: www.chartbookofeconomicinequality.com

유로와 공공부문의 금융위기

1950년대에 로마조약Rome treaty을 근간으로 유럽경제공동체EEC를 결성한 유럽의 주요 국가들은 브레튼우즈BWS체계가 불안정해지면서 유럽의 통화통합을 논의하기 시작했다. 그 시작은 1970년에 발표된 베르너Werner 보고서인데, 이 보고서는 향후 10년 이내에 유럽 국가들이 경제뿐만 아니라 화폐통합을 실현해야 유럽지역 내의 경제적 협력관계를 달성할 수 있다고 주장했다. 그 이후 1989년의 들로르Delors 보고서에서는 통화통합을 보다 구체화하고 유럽중앙은행ECB의 창설을 주장했다. 1992년 마스트리히트 조약Maastricht treaty에 유럽의 12개 국가가 서명함으로써, 2002년 1월부터 공공결제를 우선 유로EURO로 지급하고, 2002년 말부터는 각국이 자국 화폐의 사용정지와 함께 민간부문의 거래까지도 유로를 사용하기 시작했다.

유로의 출범은 국제금융시장에서 지나치게 독점적 위치에 있는 달러를 견제하기 위해 유럽 국가들이 사용화폐 권역을 확대하고, 향후 유럽합중국USE: United States of Europe 정착의 초석을 다진다는 정치적 배경이 있었다. 그러나 유럽의 각국이 자국 경제를 통제하기 위한 화폐정책이나 외환정책을 포기하고, 유일한 정책수단인 재정정책에만 의지하면서까지 화폐통합을 이룩한 것은 기존의 금융시스템이 진화하는 과정으로 평가되고 있다.

화폐통합은 기본적으로 유로를 앵커화폐anchor currency로 설정하고, 각국이 자국 화폐와 고정 환율을 적용해 단일통화single currency 지역을 형성하는 것이다. 이 경우 거래비용의 감소, 환위험 제거 및 통화정책의 신뢰성 제고 등의 장점이 있지만, 각국의 국내경제를 통제하는 수단으로 환율정책을 사용할 수 없고 재량적 통화정책도 불가능하게 된다. 2017년 현재 유로존Eurozone에는 19개 국가가 유로를 공통 화폐로 사용하고 있다.

기존 화폐제도가 진화하는 과정에서 구축된 유로의 위기는 그리스의 재정위기를 통해 현실화됐고 그렉시트Grexit가 논의되고 있는 실정이다. 더구나 그 여파는 포르투갈, 이탈리아 및 스페인 등으로 확산되면서 보다 근본적인 문제를 제기했다. 따라서 국제통화기금IMF이나 유럽중앙은행ECB도 쉽사리 해결책을 내놓지 못했다. 전통적으로 그리스는 국가경제에서 공공부문의 비중이 높은 편이다. 공공부문이 GDP의 50%를 상회하고 있고, 제조업 5.7%, 서비스업 90% 등의 특이한 산업

유로존 현황

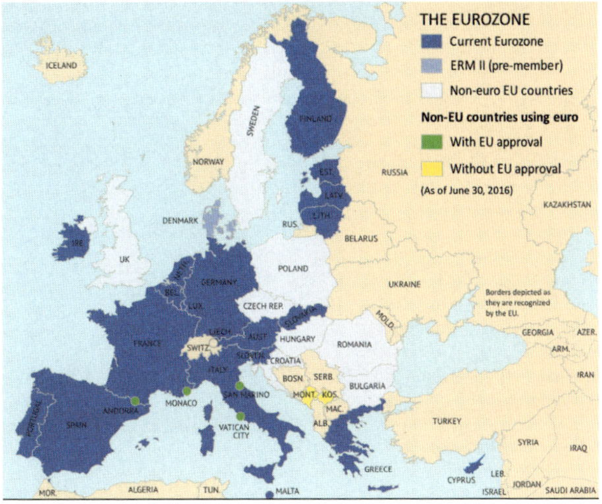

출처: http://www.polgeonow.com

유로존 주요국 경제지표

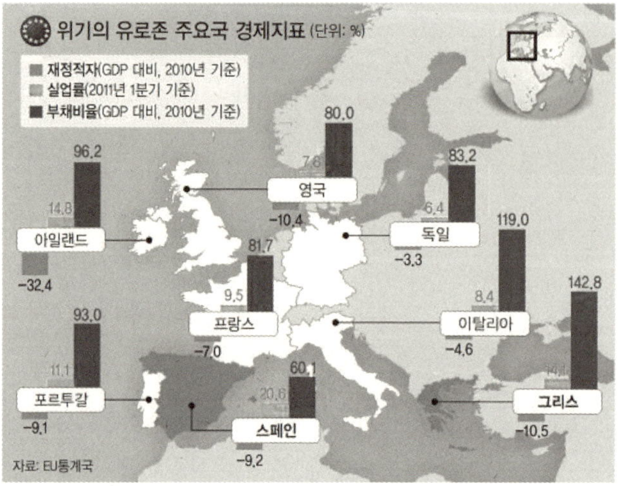

출처: http://www.polgeonow.com

구조를 형성하고 있다. 그리스의 경제구조는 다른 유로 사용국들과 동조화가 크지 않으며, 유로존에 편입되면서 국내경제를 통제하기 위해 외환정책과 재량적 금융정책을 수행할 수 없기 때문에, 재정정책이라는 정책수단밖에 없다. 그러나 이미 국가재정이 열악해 그 또한 경제위기를 벗어날 수 있는 유효한 정책수단이 되지 못했다는 것이 그리스의 딜레마였다.

금융독점의 문제: 화폐와 국가의 분리

중앙은행의 독점적 화폐발행과 시중은행을 비롯한 민간부문의 금융기관이 신용창조에 의해 화폐를 공급하는 중앙집권적 금융제도는 사실상 통화 공급이 외생적으로 결정된다. 중앙은행의 재량적 판단에 의해 발행되는 본원통화와 민간 부문의 금융기관들에 의한 신용창조가 그 규모를 결정한다. 세계화에 따라 개방된 금융시장은 해외로부터 파급되는 경제적 충격의 유입경로가 될지언정 이를 효율적으로 관리하는 데는 한계가 있다. 왜냐하면 기존의 중앙 집중적 금융제도에 의한 정책 대응은 금융시장의 흐름과 괴리가 있을 수밖에 없기 때문이다. 그 결과가 미국의 민간부문에 의한 금융위기고, 그리스의 공공부문에 의한 금융위기다.

관리통화제도에서 통화당국이 아무런 가치 기반 없이 발행하는 부채화폐는 분배과정에서부터 왜곡이 있다는 것을 이미 논의했다. 부채화폐는 우선적으로 정부의 공공지출을 위해 사용되고, 영향력 있는 기업에 지원하는 형태로 배분된다. 이 과정에서 기존의 금융제도는 투자은행들과 결탁하기도 한다. 월스트리트Wall Street에서는 투자은행인 JP모건Morgan을 "월가의 파수꾼"이라고 하는 이유다. 더욱 심각한 것은 금융공학으로 무장한 금융 엘리트들이 중앙은행과 투자은행의 결탁과정에서 연결고리의 역할을 하며 스스로의 이익을 극대화할 수 있는 새로운 금융질서를 확립하려는 배후세력으로 자리 잡고 있다는 것이다. 그리고 그들만의 편의에 의한 금융질서를 확립하고 유지하려 한다는 것이다. 그 결과물 중의 하나가 지속적으로

세계 주요 금융사의 자금 운용 규모(2013년 기준)

순위	투자은행(IB)			뮤추얼펀드 (달러)	헤지펀드 (달러)
	M&A 부문	채권부문	주식부문		
1	골드만삭스	JP모건	모건스탠리	블랙록 (3조 7천억)	브릿지워터 (1천 5백억)
2	JP모건	메릴린치	골드만삭스	알리안츠 (2조 4천억)	맨그룹 (4백억)
3	모건스탠리	씨티그룹	JP모건	뱅가드 (2조 2천억)	브레반 하워드 (4백억)
4	메릴린치	도이치방크	메릴린치	스테이트 스트리트 (2조 1천억)	오크-지프 (3백억)
5	씨티그룹	모건스탠리	씨티그룹	피델리티 (1조 8천억)	블루 크레스트 (3백억)

출처: 서울신문·한국은행(2015) (재구성)

확대되고 통제되지 않는 파생금융상품이다.

이런 폐해가 아니더라도 분권화로 특징지을 수 있는 오늘날의 경제적 사회적 배경에는 금융독점을 해소하기 위해 국가와 화폐가 분리돼야 한다는 사회적 인프라가 형성돼 있어서 그 당위성이 힘을 받고 있다. 중앙은행의 운용체계도 사회적 변화에 부응할 수 있도록 변신을 해야 한다. 오늘날 통화관리는 시장 메커니즘 및 시장과의 피드백feedback에 그 운영기반을 둬야 하기 때문에 경제주체 간의 커뮤니케이션 전략이 중요하다. 1990년대 이후 금융자유화와 혁신의 진전으로 금융시장이 비약적으로 발전하게 되자 중앙은행은 일방적으로 시장을 주도하는 위치가 아닌 시장과의 동반자 관계라는 구도에서 정책을 수행하지 않으면 목표를 달성하기 어렵게 됐다. 이렇게 할 때 중앙은행과 시장 간 정보 비대칭이 축소되고 상호 이해가 증진될 수 있을 것이다.

토머스 H 그레코 Jr.Thomas H. Greco Jr.는 〈화폐의 종말〉에서 화폐는 정치적으로 취급되거나 소수에 의해 통제돼서는 안 되기 때문에 화폐와 국가는 분리돼야 한다고 주장한다. 국가와 중앙은행은 부채로 통화를 창출해 거기에 이자를 부과하는 특권을 누리고 있으며, 그 대가로 정부는 국민의 의사에 반해 원하는 만큼의 화폐를 가져다 쓸 수 있다는 것이다. 그리고 모든 사람의 신용을 효율적으로 독점해 이자를 부과해 화폐를 빌려주는 특권을 시중은행을 비롯한 민간부문의 금융기관에게 준다는 것이다. 이런 부채화폐의 발행과정이 국가 경제에 미치는 영향은 마치 합법적으로 위조지폐를 만들어 사용할 때와 동일한 효과가 있다고까지 말한다. 정부가 공공부채를 갚는 일은 결코 일어나지 않을 것이며, 재정적으로 무책임한 정부가 할 수 있는 일은 채무불이행을 선언해 국가가 발행한 채권과 화폐가 무가치하다는 것을 선언하거나, 끊임없이 부채를 화폐로 전환하는 것뿐이라고 지적한다.

토머스 H 그레코 Jr.Thomas H. Greco Jr.는 이에 그치지 않고 법정화폐제도 때문에 달러가 교환이나 지불수단, 가치 측정이나 가격 단위의 기준으로 행세하며 국제금융시장에서 독점력을 행사하고 있다는 것이다. 따라서 지불수단으로서의 달러와 결별하고 기존 은행제도와 무관한 외부에서 신용이나 화폐를 독립적으로 만들어야 한다는 것이다. 결국은 화폐와 국가가 결별해 사람들이 자기가 사용할 화폐를 선택하고 자신만의 화폐를 창조할 수 있어야 더 큰 자유를 누릴 수 있다는 것이다. 대안적 화폐alternative money의 출현을 위한 필연적인 상황이 전개되고 있는 것이다.

앨빈 토플러Alvin Toffler도 미래화폐의 조건으로 다음을 제시하고 있다.

> 전 세계 금융시장에서 매일 거래되는 엄청난 금액 중 실제로 기업에 필요하거나 장기적인 전망에 의해 흘러가는 돈은 얼마 되지 않는다. 오히려 사전에 프로그래밍된 컴퓨터를 통해 극히 미세한 가격변동까지 파악해 자금을 투자하는 것은 투자라기보다 수학적으로 계산된 초고속 전자 포커에 불과하다. (〈부의 미래〉, 395쪽)

> 많은 경제체계는 인간의 상호작용이 최대한 배제된 디지털 트레이딩 네트워크에 제대로 적응하지 못하고 있다. 순간적인 0과 1로만 존재하는 천문학적 금액의 돈을 인식하지 못하는 것이다. 그 영향은 매우 추상적이고 외관상 매우 비인격적이다. 하지만 기존의 금융 인프라에서 아직도 실체가 분명하지 않은 새로운 인프라로의 혁명적인 변화가 때로는 날카로운 이미지로 비춰지기도 한다. (〈부의 미래〉, 396쪽)

> 문명 전반에서 목격되는 탈대량화, 다양화는 동일한 패턴이다. 이런 변화들은 돈이라는 개념 자체에 변화를 가져올 것이다. (〈부의 미래〉, 397쪽)

> (1) 유사화폐의 등장, (2) 물물거래의 성장, (3) 무형성의 증가, (4) 점점 더 복잡해지는 글로벌 금융 네트워크의 확산, (5) 급격한 기술 발전, (6) 고삐 풀린 투기자본에 의해 좌우되는 세계 경제, (7) 세계정세 속에서 급변하는 지정학적 역학관계 등을 종합적으로 고려해 본다면, 산업시대의 화폐가 완전히 사라지지 않는다 하더라도 분명 그 역할이 크게 축소될 것이다. (〈부의 미래〉, 406쪽)

2

Chapter 2

4차 산업혁명과 금융 산업

산업혁명의 전개 과정

18세기 후반부터 19세기 초반에 걸쳐 영국을 중심으로 기술혁신이 시작되고 제조업 생산체계에 자본이 투입되면서 생산방식의 효율성이 급격히 제고됐다. 이런 과정을 통해 공산품 생산이 크게 증가했고, 운송수단인 철도산업이 활성화됐는데 이를 산업혁명으로 정의한다. 이 시기에 영국은 급격한 기술적, 경제적 변화를 경험하게 됐다. 이를 바탕으로 인구가 급증하면서 도시화의 진전이라는 사회적 변화도 겪게 됐다. 영국의 기술적, 경제적 및 사회적 변화는 다른 국가로 파급되면서 세계의 여러 국가에 큰 영향을 미치게 됐다. 영국의 급격한 경제규모 확대를 혁명으로 규정하는 것은 국민소득이나 산업생산과 같은 지표를 정량화하는 과정에서 나타나는 미숙함에 따른 감정적 표현이라는 견해도 있지만, 영국의 산업혁명은 오랜 기간 동안 축적해 왔던 기술적, 경제적 및 사회적 침전물이 한 시기에 표출된 것이지 우연히 한 순간에 이뤄진 현상은 아니다. 이런 시대적 침전물은 어떻게 형성되었던 것일까?

1784년 영국의 스코틀랜드Scotland에서 제임스 와트James Watt가 개발한 증기기관은 빠르게 실용화되기 시작했다. 산업혁명 전 단계에서 가내수공업 형태의 생산방식에 의존하던 영국의 산업은 증기기관을 제조업 생산에 활용하고, 석탄과 철을 생산의 주요 원자재로 사용하게 되면서부터 면직물 생산과 철강 산업 관련 생산에 큰 변화를 겪게 됐다. 제조업 생산의 활성화는 각 지역의 대지주가 소유한 농토에서 낮은 생산성으로 생산 활동을 하던 이른바 위장실업disguised unemployment 형태의 노동력들이 대거 도시로 유입하는 계기를 마련했다. 이들 중 일부는 도시빈민으로 전락해 새로운 사회적 문제를 야기하기도 했지만, 제조업 생산과정에 신규 노동력과 자본이 투입되면서 면직물과 철강제품의 생산수준은 국내 수요를 충족하기에 충분할 뿐만 아니라, 오히려 초과 공급된 생산물의 처리를 고심하게 됐다. 이를 해결하기 위해 영국은 식민지 국가를 대상으로 해외시장 개척에 몰두했다. 결과적으로 급증한 생산품을 운송하기 위해 국내에서는 철도산업이 활성화됐고, 해외시장을 지원하기 위한 대책은 해운산업의 발달로 이어졌다.

영국의 산업혁명을 이론적으로 체계화한 경제학자는 사실상 아담 스미스Adam Smith이다. 아담 스미스Adam Smith는 국가의 부wealth를 전통적인 관점과는 전혀 다른 시각에서 생산물로 정의하기도 했지만, 자유시장 경제체계를 신봉하면서 절대우위를 바탕으로 한 자유무역의 이익을 주장했다. 다시 말해서 1차 산업혁명으로 국내에서 초과 공급된 생산물을 해외시장을 통해 소비할 수 있는 이론적 근거를 제시했다. 이것이 1차 산업혁명 과정에서 영국을 중심으로 나타났던 주요 변화다.

1870년대의 2차 산업혁명은 유럽뿐만 아니라 잠재적 발전 가능성이 큰 미국에서 철강 산업과 석유화학 산업을 중심으로 전개됐다. 2차 산업혁명이 진행됨에 따라 전력이 제조업 생산체계에 도입됐고, 이를 통해 1차 산업혁명 과정에서 경험했던 생산 증가와는 또 다른 차원의 대량생산체계가 구축됐다. 2차 산업혁명의 최대 수혜국은 미국과 독일이다. 미국은 동서횡단 철도망을 구축하는 데 소요되는 철강제품의 확대를 통해 철강 산업이 급격하게 성장했다. 앤드류 카네기Andrew Carnegie는 유에스 스틸U.S. Steel이라는 철강회사를 기반으로 재벌이 됐다. 그리고 생산과정에서 에너지로 활용했던 석유 생산이 늘어나면서 정유 산업을 기반으로 한 대규모 산업체계를 구축했다. 존 록펠러John Rockefeller도 스탠더드 오일Standard Oil이라는 정유회사를 운영하면서 세계 최대 부호가 됐다. 철강 산업과 정유 산업을 바탕으로 미국은 세계의 강국으로 부상하는 데 필요한 인프라를 구축하게 됐다.

2차 산업혁명 시기에는 경영부문의 혁신을 통해 대량생산체계를 구축하기도 했다. 그 대표적인 경우는 1903년 헨리 포드Henry Ford가 설립한 포드자동차인데, 생산라인에 벨트 컨베이어를 활용한 조립 생산방식을 도입한 이른바 포드 시스템을 개발해 동일한 시설과 인력으로 대량생산을 가능케 했다. 대량생산 체계는 생산단가를 낮출 수 있기 때문에 자동차의 가격인하를 통해 소비자의 소비행태를 바꾸는 계기가 되기도 했다. 이뿐만 아니라 근로자의 이직을 방지하기 위해 높은 임금을 지불하는 효율 임금제를 도입해 현대적 경영체계를 구축하기도 했다.

미국의 대규모 생산체계는 독점자본주의를 탄생시켰는데, 그 대표적인 금융회사가 JP모건Morgan이다. 이런 형태의 자본주의는 오늘날까지도 그 형태를 유지하고 있다. 당시 유럽 국가들 중에서 상대적으로 후진적 형태의 경제체제를 운용하던 독일도 탄탄한 제조업 생산체계를 구축하는 데 성공했다. 그러나 실질적으로 산업혁명의 초석을 놓았던 영국은 2차 산업혁명 과정을 거치면서 대규모 경제 체계를 구축한 미국에 제조업 생산기반을 내줄 수밖에 없게 됐다.

1970년대 초반 공공기관이나 연구기관을 중심으로 공공 데이터베이스를 공유해 업무의 효율성을 높이고, 축적된 연구 자료를 상호간에 공유함으로써 연구 성과를 제고하기 위해 인터넷이 제한적인 네트워크에서 사용됐다. 그 후 개인용 컴퓨터가 보급되고 WWWworld wide web이 구축되면서 컴퓨터의 정보화와 이를 기반으로 한 자동화 생산시스템이 급속도로 확산되었는데 이것이 3차 산업혁명의 근간이 됐다. 초기형태의 인터넷망을 구축한 것은 영국의 연구기관이었지만, 이를 상업화하며 인터넷이나 이와 관련된 사업의 발전을 주도한 국가는 미국이다. 인터넷으로 인해 시간이나 공간과 같은 물리적 거리의 한계를 극복하게 되면서 세계는 글로벌경제체제를 빠르게 구축했다.

3차 산업혁명에 의한 정보처리 기술의 혁신은 정보를 "묶음"으로 전달할 수 있는 디지털 경제체계를 구축하면서 경제적 및 사회적 역량이 급격하게 확장됐다. 노동력도 더 이상 단순한 형태가 아니라 자본이 체화된embodied 인적자본human capital에 대한 수요가 창출됐다. 이는 노동시장을 구조적으로 변화시키는 출발점이 됐다. 세계화가 진전되면서 지역적 특성에 따라 생산과 소비를 분리해 기업의 효율성을 극대화하기 위한 다국적기업도 출현했다.

3차 산업혁명은 그 영역을 생산체계의 혁신에 그치지 않고 재화와 서비스의 유통구조에도 대변혁을 이끌었다. 세계를 연결하는 네트워크의 구축은 세계시장을 대상으로 판매망을 구축할 수 있었기 때문에 유통산업이 급성장했다. 미국의 아마

FYI for your information

인터넷의 역사

초기 인터넷은 1950년대 컴퓨터의 개발과 함께 시작됐으며, 메인프레임mainframe 컴퓨터와 단말기 간의 점대점 통신이나 컴퓨터 간 점대점 연결 등의 방식이 점차 패킷packet 교환망으로 확장됐다. 이 아이디어는 폴 바란Paul Baran이 제공했는데, 1960년대와 1970년대 영국에서는 연구소 간에 텔레넷TeleNet을, 미국에서는 국방부의 아파넷ARPAnet을 중심으로 다양한 프로토콜protocol이 개발됐다. 1981년 미국 국립과학재단NSF이 컴퓨터 과학망CSNET을 개발하면서 아파넷ARPAnet에 접속하는 것이 가능해졌으며, 1982년에는 인터넷 프로토콜protocol 스위트 TCP/IP가 표준화됐다. 이를 계기로 TCP/IP 네트워크에 의해 상호 간에 연결되는 월드 와이드 네트워크world wide network가 구축됐는데, 이것이 오늘날 일반적으로 사용하는 인터넷의 등장이다.

인터넷의 아버지로 지칭되는 테드 넬슨Ted Nelson이 하이퍼텍스트hyper text의 개념을 도입했으며, 1989년 영국의 컴퓨터 과학자인 팀 버너스리 경Sir Timothy John Berners-Lee(TimBL)이 월드 와이드 웹WWW: World Wide Web의 하이퍼텍스트 시스템을 실제로 고안하고 개발했다. 이뿐만 아니라 URL, HTTP 및 HTML 등을 최초로 설계하기도 했다. 인터넷의 기반을 확립한 공로로 2004년에 엘리자베스 2세 여왕으로부터 기사작위를 수여받았다. 그리고 타임*The Times*지가 선정하는 20세기에 가장 중요한 인물 100인에 선정되기도 했다.

Paul Baran
출처: Wikipedia

Timothy John Berners-Lee
출처: Wikipedia

출처: 위키백과 및 Wikipedia에서 발췌 · 요약

존Amazon, 이베이eBay 및 중국의 알리바바Alibaba 등이 네트워크를 활용한 글로벌 유통산업의 선두 주자들이다. 이에 따라 국가 간 지불수단도 편리성을 제고하기 위해 부단히 노력했고, 금융 산업도 지대한 발전을 거듭하게 됐다.

사회적으로도 대변혁이 일어났다. 지금까지는 사회적 의사결정 과정에 기득권층이 자신들의 이익을 반영해 체제를 형성하고, 개인들은 이 체제에 순응하기 위해 노력했다. 그러나 3차 산업혁명으로 구축된 컴퓨터 네트워크는 사회적 의사결정에 개인이 참여할 수 있는 기회를 대폭 확대했고, 개인의 가치와 권리가 얼마나 소중한 것인지 인식하는 계기를 마련했다.

세계화와 부의 원천

지금까지 산업혁명은 주로 제조업을 중심으로 한 실물부문의 생산량을 급격하게 증가시키는 체제를 구축해 왔고, 그 성과는 소득증대로 나타났다. 산업혁명으로 생산이 크게 증가함에 따라 국내시장에서 수요를 충족하고 남는 잉여 공급량을 판매할 수 있는 해외시장의 개척이 필요하게 됐다. 따라서 초과 공급된 생산물의 판매시장 확대가 세계화의 출발점이기 때문에 오늘날의 세계화 이전에도 그 당시의 대규모 생산국을 중심으로 세계화가 이뤄졌다. 즉, 인류 역사에서 국가의 부가 급격하게 증가할 때마다 세계화가 확대됐던 것이다.

국가의 부를 금이나 은과 같은 귀금속의 보유량으로 정의하던 중상주의 시대에는 영국, 스페인 및 포르투갈 등 해양 국가들이 그들의 식민지로부터 귀금속을 확보하기 위한 수단의 일환으로 세계화가 시작됐다. 그리고 산업혁명 이전 농업부문의 농산물 생산 대국이던 중국과 인도에서도 어느 정도 세계화의 과정이 필요했다. 세계화는 귀금속의 확보나 영여 농산물 또는 공산품의 해외 판매망을 확충하려는 과정에서 추진됐고, 이는 세계 각국의 소득을 증대시키는 순기능으로 작용했다. 그러나 세계화가 실질적으로 각국의 소득증대에 기여하게 된 것은 1차 산업혁명 이후다.

1차 산업혁명 이후 세계화는 보다 체계적으로 진행됐는데 이 과정에서 오늘날의 선진국들은 해외부문을 경제성장 전략의 필수 요소로 활용하게 됐다. 대부분의 선진국들은 수입을 억제하여 자국의 유치산업을 보호하는 한편 수출은 적극적으로 장려해 해외부문을 소득증대의 원천으로 삼았다. 그러나 많은 국가들이 수출뿐만 아니라 수입의 확대도 교역에 참여하는 국가 간에 경제적 이익이 있다는 것을 인식하게 되면서 국가 간 무역규모는 급성장을 하게 됐다. 더구나 무역규모의 증대는 단순하게 상품의 교역량을 늘리는 것에 그치지 않고 국가 간에 노동, 자본 및 기술과 같은 생산요소의 이전도 활발하게 이뤄지는 계기가 됐다. 특히, 3차 산

인류의 생산규모 확대 과정

시기	내용	경제규모 10배 증가 소요시간
봄	• 불 사용 시작	–
10월 말	• 석기시대	–
11월 중순	• 생물학적 현생인류(호모사피언스) 출현	–
12월 19일	• 문명의 시작(동굴벽화, 장례문화 등)	–
12월 27일	• 바늘, 작살, 투창, 활 및 화살 등 사용	–
12월 30일	• 중국의 부상 • 로마제국의 멸망 • 중세유럽 출현	–
12월 30일 늦은 오후	–	24시간
12월 30일 자정부터 31일 오후 7시 30분까지	• 콜럼버스 신대륙 발견	19시간 30분
12월 31일 오후 7시 30분부터 오후 11시 20분까지	• 1차 산업혁명 • 1차 세계대전 발발	3시간 50분
12월 31일 오후 11시 20분부터 12월 31일 자정	–	40분
다음 날 0시 25분	–	25분

출처: 팀 하포드(2008)

업혁명 단계에서 구축된 인터넷망은 정보통신 체계를 혁신하게 됐고, 이를 기반으로 국가 간 경제 교류가 급격하게 확대되면서 거대한 시장이 형성됐다. 이런 변화는 각 국가의 정부나 공공부문이 주도적으로 소득증대를 위한 성장전략을 추진해 왔던 과거와는 달리 시장경제체계를 바탕으로 세계경제의 흐름을 시장이 주도하게 되면서 시장이 부wealth의 원천이 되는 새로운 형태의 세계화 패러다임paradigm이 등장하게 됐다.

팀 하포드Tim Harford에 의하면 인류출현의 100만 년 역사를 1년이라고 할 때 하루는 3천 년이고 1분은 2년에 해당한다. 이 변환 결과에서 알 수 있듯이 인류는 12월 31일 오후부터 초기 단계의 혁신 방식을 경제성장 과정에 활용하면서 경제규모를 급격하게 확대해 왔다. 이 시기부터 많은 국가들이 세계화를 통한 경제성장 전략에 동참하게 됐다.

2000년 간 국가별 소득 비중의 변화

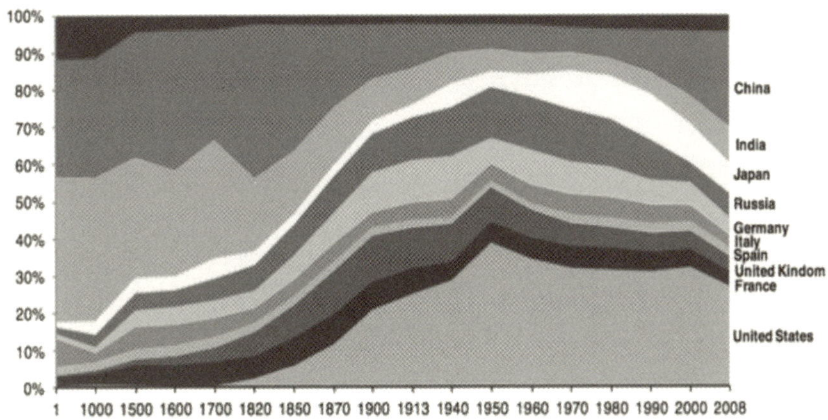

출처: https://www.theatlantic.com

융복합체계의 구축

산업혁명 과정은 기본적으로 과학이나 기술과 같은 자연과학의 급격한 발전 과정이다. 그러나 인문사회 과학도 새롭게 형성된 산업기술 체계를 재해석하며 또 다른 차원에서 산업혁명을 이해하려 했다. 이를 바탕으로 경제 및 사회 제도도 지속적으로 개선돼 왔다. 이 과정에서 발전의 의미는 각 분야가 고유한 탐구영역을 확보하고 보다 세분화하여 심도 있게 논의하는 과정으로 이해됐다. 따라서 각 분야는 전체적인 통섭consilience의 개념보다는 각자의 독립성을 유지하며 그 범주 안에서 다양한 형태로 각자의 영역을 심화시켜 왔다.

기술력뿐만 아니라 새로운 경제 및 사회 질서를 구축한 3차 산업혁명 기간 동안 자연과학과 인문사회과학의 주체들은 창조적 사고와 혁신을 통해 각자가 성취한 최고수준의 성과물을 공동으로 활용할 수 있는 시스템을 구축해 시너지synergy 효과를 유도하는 데 관심을 갖기 시작했다.

이런 시대적 흐름은 정보를 단순한 형태로 변환하여 컴퓨터 언어 체계로 재구축하고, 이를 집적화할 수 있는 디지털 경제를 가능케 했다. 정보전달의 용이성을 제고한 인터넷망의 구축으로 지리적 및 공간적 거리가 크게 축소되면서 디지털경제 체계는 폭발적으로 확산됐다. 이런 일련의 과정이 4차 산업혁명을 유도하는 밑바탕이 됐다.

융복합은 기존의 체계를 창조적으로 파괴하여 이전에 없었던 새로운 체계를 구축하는 것이다. 이 중에서 융합과정은 각 분야의 독자성과 다양성이 통합되어 하나의 새로운 체계를 창출하는 과정이며, 복합과정은 각 주체가 유기적인 관계를 형성하며 제3지대에서 상호 간에 능동적인 관계를 구축하는 체계를 의미한다. 전통적으로 한 국가의 산업은 코린 클라크Colin Clark에 의해 농림수산업의 1차 산업, 제조 및 가공업의 2차 산업 및 서비스업의 3차 산업 등으로 구분되지만, 융복합 체계에서는 1.5차 산업, 2.5차 산업 및 3.5차 산업과 같은 하이브리드hybrid 산업뿐만 아니라 지식이나 정보와 관련된 4차 산업도 논의되고 있다. 그리고 1차, 2차 및 3차 산업을 복합해 높은 부가가치를 창출하는 6차 산업을 육성하기도 했다.

자연과학과 관련된 융복합체계는 미국 국립과학재단이 나노Nano 과학자들을 중심으로 미래 과학기술의 방향을 모색하면서 구체화됐다. 미국에서는 우선적으로 유전학Genetics, 로보틱스Robotics, 정보과학Information Science 및 나노공학Nano Technology 등의 융복합을 시도했다. 즉, 2001년에는 유전학이 생명공학Bio-engineering과 결합하게 되었고, 로보틱스는 정보과학Information Science과 결합하게 됐다. 그 이후에 인지과학Cognitive Science이 추가됨에 따라 2002년에 나노공학, 생명공학, 정보과학 및 인지과학 등으로 융합과학기술의 체계가 완성됐다.

융복합기술은 의료기술과 정보통신기술ICT이 융합해 헬스케어healthcare라는 새로운 기술영역을 창출하는 것과 같이 기존의 기술이 갖는 한계성을 극복하는 과정으로 이해되기도 한다. 융복합은 기술뿐만 아니라 콘텐츠, 장르, 분야, 매체, 장소, 기업, 연구 및 산업 등 다방면에서 추진되고 있는데, 융복합 체계에서는 다양한 기술이 서로 융화하고 결합되면서 기존에 비해 현저하게 향상된 새로운 기술영역을 창출하게 되는 것이다.

융복합의 초기 단계는 주로 정보통신기술ITT을 기반으로 이뤄졌는데, 이 과정은 유사한 전자기기나 동종 산업을 연계하는 형태로 진행됐다. 그 이후에 융복합 과정은 정보기술IT, 바이오기술BT 및 나노기술NT 등을 결합하는 메가 컨버전스mega convergence로 발전했을 뿐만 아니라 융복합의 확장성과 다양성을 증대시킬 수 있는 문화기술CT과도 연계를 시도하게 됐다. 따라서 융복합 과정의 심화는 산업 간 경계를 약화시키면서 지속적으로 새로운 형태의 산업체계를 구축하고 있다.

융복합은 그 정도에 따라 복수의 기능을 하나의 패키지로 제공하는 묶음bundle 형태, 서로 다른 제품이나 서비스 간에 동일한 기능을 추가하는 중첩overlap 형태, 여러 제품의 기능을 하나의 제품으로 결합하는 복합hybrid 형태 및 제품과 서비스가 합쳐져 새로운 가치를 제공하는 융합fusion 형태 등으로 구분한다. 지금까지 융

융복합의 개념과 활용 사례

구분	융합 정도	개념	사례
묶음 (bundle)	약	복수의 기능을 하나의 패키지로 제공	iPod+iTunes
중첩 (overlap)	↓	서로 다른 제품이나 서비스 간에 동일한 기능을 추가	전자사전과 전자수첩 온라인 주식거래
복합 (hybrid)	↓	여러 제품의 기능을 하나의 제품으로 결합	복합기능 OA 기기 Smart Phone
융합 (fusion)	강	제품과 서비스가 합쳐져 새로운 가치를 제공	MP3 Player(음악+데이터 저장 기능) iPod, PMP(음악+영상+게임)

출처: 박용재 외(2010) (발췌)

복합의 실현은 주로 인터넷망에 의존해서 이뤄졌지만 향후에는 소셜네트워킹 서비스SNS: social networking service가 인프라로 활용될 전망이다.

산업 간 융복합 과정에서 플랫폼의 기능을 수행하여 확장성을 제고할 뿐만 아니라 다양한 결합의 창출을 가능케 하는 문화기술CT을 활용할 수 있는 유형을 살펴보면 진화 경로는 강화 → 확장 → 결합 → 창조 등의 과정을 거치게 된다. 이 과정을 통해 융복합은 산업내inter-industry 융합에서 산업간intra-industry 융합으로 확대

콘텐츠 산업의 융합 유형

융합형 콘텐츠 산업 유형		진화 경로	개념
산업내 융합	콘텐츠 산업(개별)+CT	강화	개별 콘텐츠 산업에 CT가 접목되어 효율성 및 가치가 제고되고 제품 및 서비스 품질이 강화되는 경우
	콘텐츠 산업(플랫폼 기반)+CT	확장	플랫폼 기반의 콘텐츠 산업에 CT가 접목되어 기존의 콘텐츠 제품 및 서비스에서 벗어나 새로운 영역을 개척한 경우
산업간 융합	타산업+CT 콘텐츠 산업+CT+콘텐츠 산업	결합	CT를 활용하여 타산업이 새로운 콘텐츠 산업으로 진화하거나, 콘텐츠 산업간 융합을 통해 새로운 콘텐츠 산업으로 진화하는 경우
	신규 콘텐츠 산업+CT	창조	CT와 융합하여 기존의 콘텐츠 제품 및 서비스가 강화, 확장 및 결합의 과정을 거쳐 신규 콘텐츠 산업이 등장하는 경우

출처: 박용재 외(2010) (발췌)

되고, 또한 문화기술의 주체인 인간과 기기를 결합하는 형태의 융복합으로 전환하는 것도 가능케 될 것이다.

4차 산업혁명의 진행 과정

2016년 초 스위스 다보스Davos에서 세계경제포럼WEF: World Economic Forum의 제46차 연차총회가 개최됐다. 이 총회에서는 2000년대 이후 기술 분야뿐만 아니라 경제 및 사회분야의 급격한 변화와 혁신을 총체적으로 규정하는 많은 논의가 있었다. 향후의 산업체계는 4차 산업혁명이 될 것이라는 데 의견을 모으고, 1971년에 세계경제포럼을 창립하고 현재 이 포럼의 회장인 클라우스 슈밥Klaus Schwab은 4차 산업혁명에 의한 새로운 시대의 개막을 선언했다.

4차 산업혁명은 다양한 측면에서 과거에 인류가 경험했던 산업체계의 변화와는 그 차원을 달리할 것으로 예상된다. 융복합에 의한 혁신부문, 사물인터넷IoT: internet of things과 iOSiPhone OS에 의한 커뮤니케이션 방식, 시뮬레이션simulation을 통한

FYI for your information

세계경제포럼WEF: World Economic Forum

세계경제포럼(www.weforum.org)은 클라우스 슈밥Klaus Schwab이 1971년 설립한 민간기구이며 각국의 분야별 전문가들이 매년 초 스위스의 다보스Davos에서 세계경제 현안에 대해 논의하기 때문에 다보스포럼Davos Forum이라고도 한다. 최근에는 세계의 재편(2014년), 새로운 글로벌 상황(2015) 및 4차 산업혁명(2016년) 등에 관한 주제를 논의했다. 현안에 대한 실천적인 방안을 제시하지 못한다는 비판을 받기도 하지만 〈미래의 세계 지도자 100인〉, 〈세계 경쟁력보고서〉 등을 발간한다. 특히, 〈세계 경쟁력보고서〉는 1979년부터 매년 130여 개 국가의 국가경쟁력을 분석해 발표하고 있다.

출처: 네이버 지식백과에서 발췌 및 요약 / 한국표준협회(2016)

생산방식, 그리고 사람이 아닌 기계에 의한 생산통제체계의 구축 등이 그것이다. 제조업 선진국들인 미국, 일본, 독일 및 중국도 4차 산업혁명의 변화에 전략적으로 대응하기 위한 방안을 적극적으로 모색하고 있다.

4차 산업혁명의 핵심은 연결connectivity과 인공지능AI: artificial intelligence으로 평가되는데, 초연결hyper-connected사회의 구축으로 인한 기술적, 경제적 및 사회적 변화는 그 파장을 예측하기조차 어렵다. 사물인터넷은 만물인터넷internet of all things이라고까지 하면서 사람과 기계를 연결시키기도 한다.

4차 산업혁명은 사물인터넷IoT, 인공지능AI, 클라우드컴퓨팅cloud computing 및 사이버물리시스템CPS 등의 지능형 융복합기술로 구성되는 산업 추이로 이해된다. 그리고 초연결망을 통해 모든 것이 결합되는 보다 지능적인 체계를 구축하는 것으

산업혁명 단계별 특징 비교

구분	1차	2차	3차	4차
시기	18세기 후반	20세기 초반	1970년대 후반	2020년 이후
혁신부문	증기의 동력화	전력, 노동	전자기기, ICT	ICT와 제조업 융합
커뮤니케이션 방식	책, 신문	전화기, TV	인터넷, SNS	IoT, iOS
생산방식	생산기계화	대량생산	부분자동화	시뮬레이션을 통한 자동생산
생산통제	사람	사람	사람	기계

출처: 한국표준협회(2016)

제조업 선진국 4차 산업혁명 전략

국가	시기	추진내용
미국	2012년	• 인공지능 처리와 빅데이터 해석을 중시하는 사이버공간의 현실화 전략
일본	2015년	• 로봇화 기반으로 사물인터넷(IoT)과 사이버물리시스템(CPS)의 혁신을 주도하는 로봇 신전략
독일	2013년	• 사물인터넷(IoT), 3D프린팅, 사이버물리시스템(CPS), 스마트 팩토리
중국	2015년	• 소재, 부품, 공정 및 산업기술 등 4개 공업 기반을 강화하기 위한 중국 제조 2025 전략 수립

출처: 한국표준협회(2016)

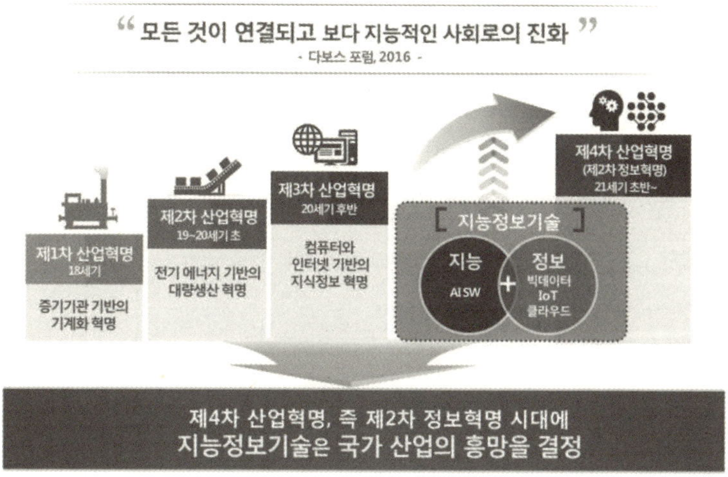

출처: 미래창조과학부 및 http://m.etnews.com

로, 사물인터넷과 초지능super-intelligence인 인공지능을 기반으로 사이버와 현실세계가 네트워크로 연결되는 통합시스템을 구축하는 것이 특징이다. 이런 체계는 비트코인bitcoin, 소셜미디어social media, 빅데이터bigdata 및 드론drone 등의 출현을 통해 구체화될 것이다.

세계경제포럼WEF에서 2015년 9월 발간한 설문조사 보고서 “거대한 변화-기술의 티핑 포인트와 사회적 영향”Deep Shift-technology Tipping Points and Social Impact도 이런 추세를 반영하고 있다.

4차 산업혁명의 산업 추이 중에서 사물인터넷과 함께 핵심 역할을 수행할 것으로 기대되는 인공지능은 1950년대 초반 수학, 철학, 공학 및 경제 등 다양한 영역의 과학자들이 인공적인 두뇌의 가능성을 논의하면서 학문의 한 분야가 됐다. 인공지능과 관련된 연구는 초기 단계에서 인간의 두뇌를 뉴런neuron으로 구성된 전기적 네트워크로 규정하고 이를 인공신경망artificial neural network 체계로 구현하려는 노력으로부터 발전해 왔다.

기술의 티핑(tipping) 포인트와 사회적 영향

항목	내용	2025년까지 발생할 가능성을 예상한 응답자 (%)
디지털 정체성	인구의 80%가 인터넷상에서 디지털 정체성을 가짐	84
유비쿼터스(Ubiquitous) 컴퓨팅	인구의 90%가 언제 어디서나 인터넷에 접속 가능	79
사물인터넷(IoT)	1조 개의 센서가 인터넷에 연결	89
빅데이터를 활용한 의사결정	인구조사를 위해 인구센서스 대신 빅데이터를 활용하는 정부 등장	83
자율주행자동차	미국도로를 달리는 차들 가운데 10%가 자율주행자동차	79
인공지능과 의사결정	기업 이사회에 인공지능 등장	45
인공지능과 화이트칼라	기업 감사의 30%가 인공지능	75
비트코인과 블록체인	전 세계 GDP의 10%가 블록체인 기술에 저장	58
정부와 블록체인	블록체인을 통해 세금징수	73

출처: 클라우스 슈밥(2016)

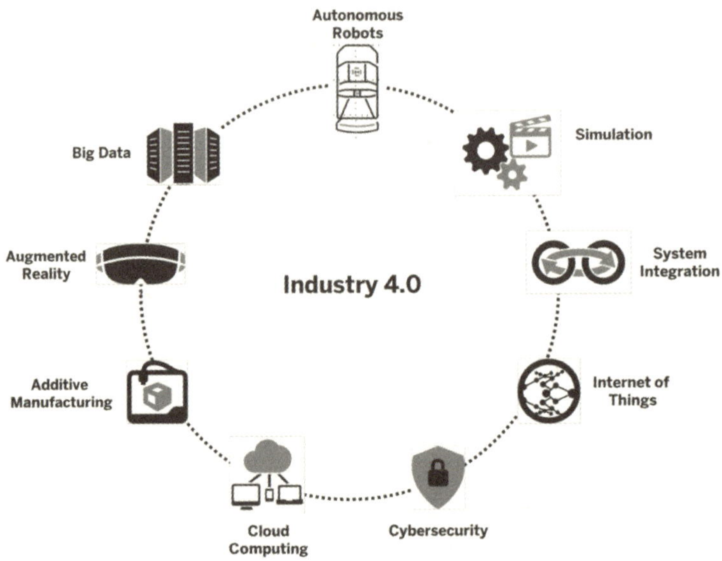

출처: http://www.aethon.com

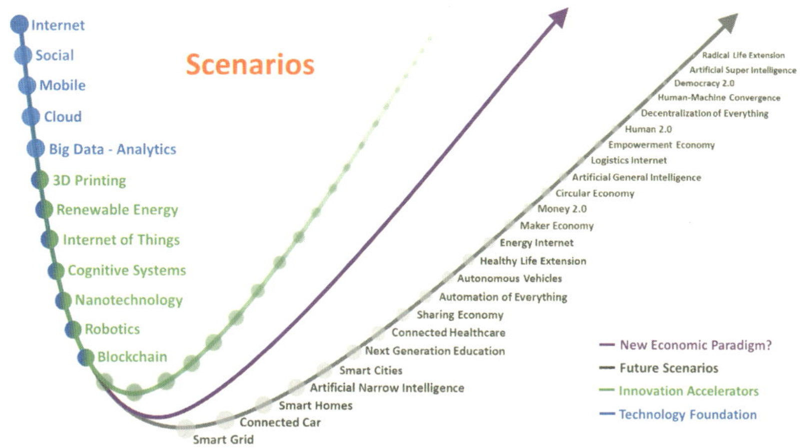

출처: https://frankdiana.net

3차 산업혁명 기간 동안 기계적 기능을 향상시키며 로봇산업이 급격하게 발전했고, 이런 기능 향상이 인공지능과 결합하면서 이 분야가 4차 산업혁명의 핵심 분야로 등장하게 됐다. 이미 우리 사회의 각 분야에서 다양한 방법으로 인공지능 기반의 산업화와 실용화가 추진되고 있다. 지금까지 인류가 축적해 온 기술력을 바탕으로 개발한 비행기, 자동차, 선박 및 컴퓨터 등 다양한 형태의 도구는 인간의 한계를 극복하고 이를 확장하려는 노력의 결과물이다. 따라서 이 도구들은 인간이 완벽하게 통제할 수 있었고, 지속적으로 인간이 필요한 방향으로 개발되어 왔다. 물론 화약이나 총포류 같이 어느 한 개인이나 사회의 또 다른 목적을 위해 악용되기도 했지만 대부분은 본래의 목적대로 활용되어 왔다. 그러나 인공지능으로 인해 인간이 기계와의 관계를 설정하고 공존의 방법을 찾아야 하는 상황에 놓이게 됐다.

산업분석에 의하면 2030년까지 인간지능 수준의 인공지능이 개발되고, 2045년까지는 인간지능 수준을 넘어선 초지능의 탄생을 전망하고 있다. 인공지능 시대에는 인공지능이 독자적으로 추론하고, 학습하는 지식활동이 가능하며, 또한 변화하는 상황에 대처하기 위해 스스로 판단도 하면서 문제해결을 시도한다. 기계가 의도성을 갖게 될 뿐만 아니라 기계가 더 이상 객체가 아니라 주체가 될 수 있는 현실을 직면하게 된 것이다. 어쨌든 인공지능은 현실과 가상을 통합하고, 사물을 한 방향 또는 양방향으로 제어할 수 있는 시스템이 구축되는 획기적인 산업체계의 변화를 예고하고 있다. 과거와는 달리 경우에 따라 인간이 기계의 통제 속에서 생활해야 한다. 이제는 인간과 기계의 경계가 모호해졌다. 이런 모호성으로 인해 기계의 인격과 윤리성을 걱정해야 하는 상황이 되기도 했다.

당장 노동시장에서 일자리를 놓고 서로 양보할 수 없는 경쟁을 해야 한다. 저렴한 노동력에 의존하는 경제구조인 인도는 앞으로 지속적인 경제발전을 장담할 수 없다는 지적도 있다. 구글Google, 애플Apple 및 아마존Amazon 등 글로벌기업들은 기계와 협력하는 새로운 비즈니스모델과 시장을 구체화하고 있다. 기계와 경쟁하지 말고 공존할 수 있는 일자리를 창출해야 한다는 지적을 보면 벌써 인간이 기계의 눈치를 보는 비굴함마저 느껴진다.

인공지능의 역사

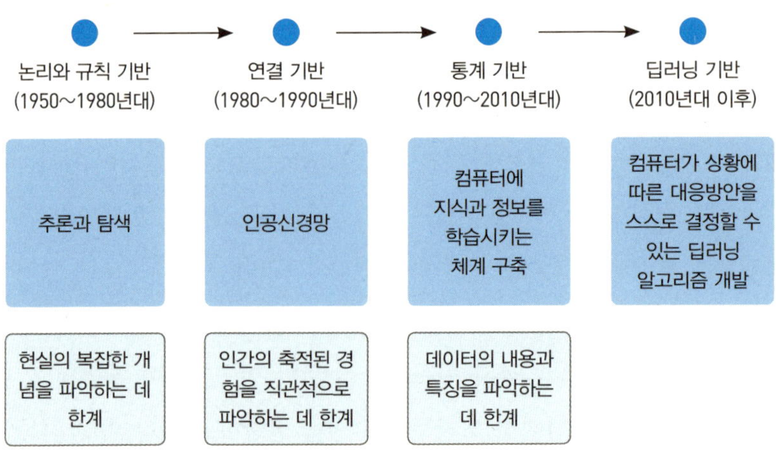

출처: http://magazine.hellot.net (재구성)

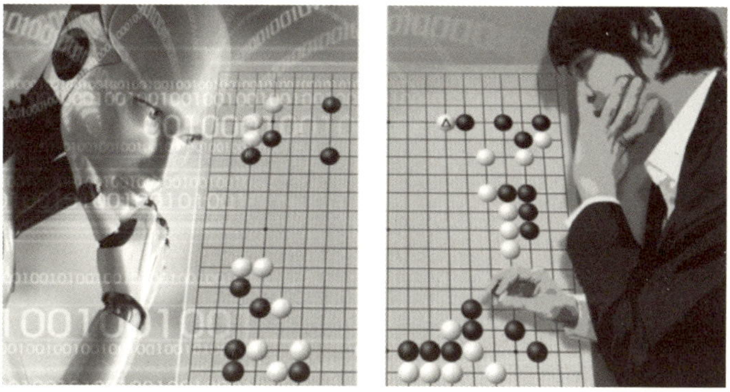

출처: 헤럴드 경제

데미스 허사비스Demis Hassabis 구글 딥마인드Google DeepMind의 최고경영자CEO는 인공지능을 기반으로 한 알파고AlphaGo라는 바둑프로그램을 개발했다. 2016년 3월 알파고AlphaGo와 이세돌 9단의 바둑 대결은 4차 산업혁명의 현주소와 향후의 진행 방향을 단적으로 보여 주는 사건으로 다가왔다. 2017년 5월 중국에서도 세계 바둑 최강으로 꼽히는 중국의 커제Ke Jie 9단과 알파고AlphaGo의 바둑 대결이 있었다. 대국 후 커제Ke Jie는 "알파고AlphaGo가 지난해까지만 해도 사람 같았는데 이제는 바둑의 신 같다"는 말을 남겨 인공지능의 잠재력을 재확인하는 계기가 됐다. 인공지능은 바둑뿐만 아니라 지속적으로 인간의 고유영역을 잠식하고 있다.

4차 산업혁명: 실물과 금융의 결합

산업혁명은 근본적으로 실물부문에서 생산력이 급격히 확대되는 과정으로 이해된다. 이 과정은 필연적으로 경제 및 사회제도의 개편을 수반하지만 어쨌든 그 출발은 실물부문이다. 그렇다면 실물부문과 함께 경제체제를 지탱하고 있는 또 다른 축인 금융부문은 이렇게 급격한 변화를 겪고 있는 실물부문에 어떻게 대응해 온

걸까? 산업혁명의 단초를 제공했던 영국은 오늘날 왜 제조업 강국이 아닐까? 오히려 영국의 런던에 세계 주요국가의 중앙은행이 밀집해 있으면서 국제금융의 본산으로서의 역할을 수행하고 있는 걸까?

1차 산업혁명을 거치면서 제조업 중심의 견고한 생산체계를 구축했던 영국은 세계경제의 주도권을 잡게 됐고, 이를 바탕으로 영국 파운드가 세계 금융시장에서 기축통화의 역할을 수행하게 됐다. 기축통화란 주요국제 통화의 기준이 될 뿐만 아니라 주요국 중앙은행이 외환보유고로 확보하는 통화다. 이 시기의 경제체제에서 금융부문은 생산과정에 자본을 공급하며 급격하게 확대되는 실물부문을 지원하는 역할을 수행했다. 즉, 확대되는 실물부문의 규모에 걸맞은 화폐를 공급해서 원활한 실물경제의 운용을 돕는 것이 금융의 기본적인 기능이었다.

2차 산업혁명을 주도했던 미국은 대규모의 제조업을 바탕으로 대량생산 체계를 형성했다. 그리고 미국에서 대규모 제조업의 성장은 독점자본주의를 탄생시켰다. 영국의 1차 산업혁명은 자본이 생산요소로 투입되는 과정이었기 때문에 그 당시 자본은 생산과정에 참여해서 더 많은 부가가치를 창출하는 것이 관심의 대상이었다. 그러나 2차 산업혁명으로 미국은 대규모의 잉여자본을 축적하게 됐고, 이를 바탕으로 독점자본을 형성했다. 이제는 자본이 단순한 생산요소가 아니라 자본의 고유한 영역을 확장하며 그 기능을 수행하게 된 것이다. 자본이 또 다른 형태의 투자대상이 되고, 스스로 부가가치의 원천이 될 수 있다는 인식을 하게 됐다. 이것이 구체화된 것이 월스트리트Wall Street를 중심으로 형성된 자본시장이다.

미국에서 대량으로 생산 활동이 이뤄지고, 이를 바탕으로 축적된 대규모 자본이 스스로의 역할을 확대하며 급격하게 변화해 가는 모습을 바라보는 영국의 입장은 심난했을 것이다. 영국은 효율적인 제조 생산체계를 구축했던 선발 주자였음에도 불구하고 대규모 생산체계를 갖춘 미국을 상대하기에는 역부족이었다. 영국은 산업구조 개편이라는 결단이 필요했다. 국가 산업구조 개편의 필요성을 인식한 영국은 고금리 정책으로 전환했다. 고금리 정책은 제조업 부문의 자금조달 비용을 높여 생산단가가 상승하므로 영국 제조업 제품은 경쟁력을 상실하게 된다. 따라서 많은 한계기업들이 도산하거나 전업을 해야 했다. 그러나 금융 산업은 금융활동으로 정부의 혜택으로 높은 수익률을 보장 받으며 성장할 수 있었고, 견고한 산업부문으로 자리 잡게 됐다. 이것이 오늘날 영국의 금융 산업이 육성된 전환점으로 작용했다.

3차 산업혁명 시기에 금융부문은 생산과정을 지원하기도 했지만, 오히려 스스로 개척한 자본시장을 통해 부가가치를 창출하는 데 더욱 몰두하면서 견고하게 금융시장을 형성하기 시작했다. 이 과정에서 나타난 것이 파생금융상품이다. 일본의 잃어버린 20년이나 우리나라의 외환위기는 경제체체의 중심이 실물로부터 금융으로 전환하는 과정에서 겪은 "경제체제의 독감"과 같은 것이었다.

4차 산업혁명 이전의 경제 및 사회 질서는 고도로 체계화된 수학적 또는 통계적 방법을 동원해 분석하고, 그 결과를 바탕으로 대안을 제시할 수 있었다. 그러나 4차 산업혁명 시대는 카오스chaos나 복잡계 시스템complexity system에 근접하는 생태계를 형성하는 경향이 있다. 완전한 질서나 완전한 무질서에 의존하지 않고 집단에 의한 상호작용으로 균형에 이르는 특징을 보이고 있는 것이다.

이런 시대적 상황이 세계화 및 네트워크와 결합하면서 과거와 같이 일방적 관계가 아닌 쌍방적 의사소통에 의한 경제 및 사회구조의 형성이 가능케 되고, 세계의 모든 것과 연결되는 시스템이 작동하게 되는 것이다. 이와 같은 변화는 중앙 집중적이고 수직적인 관계보다는 수평적 관계에 의한 탈중앙화와 분권화를 유도할 것이다. 그리고 협업과 분산에 따른 이익에 관심이 높아질 것이다. 이것이 4차 산업혁명에 의해 예상되는 기술적 및 사회적 인프라의 구축과정이다.

지금까지 국가경제에서 실물부문과 금융부문이 연계돼서 상호작용을 해오기는 했지만 실물부문이 직접적으로 금융부문에 영향을 미치는 경우는 드물었다. 그러나 분권화를 통한 4차 산업혁명 과정에서는 실물부문인 정보통신IT이 주도적으로 금융부문에 영향을 미치는 것이 가능하게 되었다. 고도화된 기술력이나 탈권위적 및 분권화에 대한 사회적 합의는 기존 화폐제도의 비합리적 운영 방식을 탈피한 새로운 화폐제도의 패러다임을 요구하고 있다. 4차 산업혁명은 실물부문에 국한된 변화가 아니라 경제 및 사회구조 자체의 변화이기 때문에 가상화폐가 아니더라도 기존 화폐제도에 대한 대대적인 변화 요구가 내재되어 있다. 그러므로 4차 산업혁명 과정에서 화폐가 특별한 형태로 진화하고, 화폐의 기능이 근본적으로 변화할 것이라는 사실을 예고하고 있다.

3

Chapter 3

가상화폐: 비트코인과 알트코인

03

가상화폐의 출현: 비트코인

가상(virtual, imagine 또는 hypothesis)의 사전적 의미는 "사실이 아니거나 사실 여부가 분명하지 않은 것을 사실이라고 가정해 생각함"이다. 가상화폐는 전자화폐 electronic cash를 총칭하는 것으로, 형태를 기준한다면 디지털화폐digital money이고, 기능적 측면을 고려한다면 암호화폐crypto money이다. 2016년 국제통화기금IMF에서 정의한 가상화폐는 "민간 개발자가 이용방법에 맞게 정한 단위 액수의 가치를 디지털 형태로 표현한 것"이다. 가상화폐의 또 다른 정의는 "수학적 알고리즘을 기반으로 한 디지털 파일", "글로벌 디지털 가상화폐시스템이자 새로운 화폐"로 정의되기도 한다.

비트코인BTC: bitcoin은 2008년 10월 사토시 나카모토中本哲史; Satosh Nakamoto가 "비트코인: 개인 간 전자화폐 시스템"Bitcoin: A Peer-to-Peer Electronic Cash System이라는 9쪽의 논문을 이메일로 발표하면서 등장했다.〈부록 I 참조〉 그 다음해인 2009년 1월 3일 사토시 나카모토Satosh Nakamoto가 비트코이너bitcoiner들에 의해 창세기 블록genesis block으로 명명된 첫 블록을 생성하고, 그 보상으로 50 BTC가 발행되면서 블록체인blockchain을 기반으로 한 가상화폐가 긴 여정을 시작하게 됐다.

비트코인의 메커니즘과 운영시스템은 오픈소스open source로 공개됐는데, 그 기본 원리는 별도의 관리서버 없이 각 컴퓨터 단말기인 노드node와 노드node를 수평적으로 연결하는 개인 간P2P: peer-to-peer 네트워크를 활용해 모든 노드가 동일하게 파일을 공유하는 것이다. 이 과정을 통해 중앙통제 체계나 발행기관 없이 비트코인을 발행하고 이를 거래, 승인, 기록 및 보상하는 절차를 거치게 된다. 이 과정에서 동의 절차는 네트워크 참여자 51%에 의해 이뤄진다. 따라서 비트코인은 컴퓨터 네트워크에서 디지털 형태의 데이터로만 존재하며, 불특정 다수가 참여하고 관리하는 체계다.

2140년까지 비트코인의 총발행량은 2,100만 개다. 매 4년마다 21만 개의 블록이 생성되면 채굴과정을 통해 보상받을 수 있는 비트코인이 절반으로 줄어드는데, 이를 반감기라고 한다. 총발행되는 비트코인은 인위적으로 조절할 수 없으며 내장된built-in프로그램에 의해 이미 정해져 있는 대로 2140년이 되면 채굴과정과 블록체인의 생성이 종료된다.

블록은 네트워크의 노드가 거래한 내역을 공개적으로 기록한 분산장부distributed ledger인데, 이는 매 10분마다 갱신되며 네트워크에서 채굴과정에 참여하는 불특정 다수의 노드에게 배포된다. 블록이 길면 길수록 블록체인의 공신력과 안정성이 높아지게 되고, 이때 네트워크를 관리하고 유지한 대가가 비트코인이다.

채굴과정은 각 노드가 해시hash SHA-256과 논스nonce를 바탕으로 한 수학적 규칙의 집합인 알고리즘algorithm을 알아내 블록에 거래기록을 작성하면서 시작된다. 이 과정은 프로그램에 의해 10분 정도 소요되기 때문에 매 10분마다 1개의 새로운 블록이 생성된다. 새로 작성된 거래기록은 네트워크의 모든 노드로부터 승인받는 절차가 완료되면 채굴mining은 성공적으로 마무리 되고, 기존 블록체인blockchain에 추가되면서 그 보상으로 50 BTC를 지급 받게 된다. 채굴과정에 참여하는 노드는 블록을 형성하는 과정에서 경쟁을 하게 되지만, 새로 생성된 블록을 승인하는 과정에서는 협력을 한다.

이뿐만 아니라 거래에 따른 수수료transaction fee도 배분받게 된다. 거래 수수료는 블록체인 생성과정에서 산출되는 입력 값과 출력 값 간의 차이인데, 이는 채굴자가 해당 거래를 블록에 포함시키고 블록체인에 기록한 대가다. 채굴에 따른 보상은 반감기를 거치면서 점차 줄어들지만, 비트코인의 거래가 활성화되면 거래 수수료는 늘어나기 때문에 보상과 거래 수수료는 서로 상충관계trade-off에 있다.

2140년 비트코인의 채굴이 완료되면 채굴로 받을 수 있는 비트코인 발행이라는 보상은 없지만, 네트워크의 노드에 의한 채굴은 계속되고 매 10분마다 블록체인도 지속적으로 생성된다. 이때는 거래기록을 블록체인에 기록한 대가로 받는 거래 수수료가 주요 수입원이 된다. 채굴을 통해 비트코인의 발행량이 증가하고, 가격 변동성이 크기는 하지만 비트코인의 가치는 상승하는 추세를 유지하고 있다.

2013년 이후 비트코인의 채굴과 거래가 지속적으로 증가되면서 채굴 난이도가 급격히 높아지고 네트워크의 속도도 느려졌다. 이 문제를 해결하기 위해 2017년 8월 1일부터 기존의 비트코인 블록체인은 유지한 상태에서 블록당 용량을 2MB로 늘린 비트코인 캐시BTH가 개발돼 블록당 거래 기록을 증가시키기도 했다.

FYI for your information

비트코인의 창시자 사토시 나카모토中本哲史; Satosh Nakamoto

비트코인의 창시자인 사토시 나카모토Satoshi Nakamoto는 초기에 잠시 온라인상에서 활동하다가 자취를 감춰 정확한 정체를 알 수 없는데, 2014년 3월 뉴스위크*Newsweek*가 익명의 비트코인 창시자 신원을 확인했다고 주장했다. 본인의 부인에도 불구하고 뉴스위크*Newsweek*는 학력, 경력 및 코딩 스타일 등을 분석해 볼 때 그가 비트코인 창시자라고 확신하고 있다. 2016년 5월에는 호주 사업가이며 컴퓨터공학자인 크레이그 스티븐 라이트Craig Steven Wright가 영국의 BBC 방송과 경제 주간지인 이코노미스트*Economist* 등을 통해 자신이 비트코인 창시자고 사토시 나카모토Satoshi Nakamoto는 자신의 가명이라고 주장하기도 했다.

출처: Amazon

캘리포니아대학UCLA 앤더슨Anderson 경영대학원의 바그완 츠위트리Bhagwan Chowdhry 교수가 사토시 나카모토Satoshi Nakamoto를 2016년 노벨 경제학상 후보로 지명하여 화제가 되기도 했다.

비트코인 개요

항목	개요
개발자	Satoshi Nakamoto
화폐명칭	Bitcoin
ISO	4217
코드	XBT
중앙은행	없음
최초 발행일	2009년 1월 3일
발행 종료일	2140년
사용국가	전 세계
총발행액	2009년부터 블록당 50 BTC 발행 2013년부터 블록당 25 BTC 발행 2017년부터 블록당 12.5 BTC 발행 2021년부터 블록당 6.25 BTC 발행 2140년까지 34차례의 반감기를 거쳐 2,100만 BTC 발행
화폐단위	mBTC (milli coin, 10^{-3} BTC) μBTC (micro coin 또는 bits coin, 10^{-6} BTC) satosh BTC (satosh coin, 10^{-8} BTC)
ISO에 의한 표기 방식	USD/BTC
통화기호에 의한 표기 방식	
로고	bitcoin

출처: Bitcoin Wiki 및 위키백과

비트코인의 역사와 커뮤니티 형성 과정

2013년 이후 비트코인에 대한 관심이 고조되면서 비트코인에 대한 긍정적 평가들이 이어지고 있다. 비트코인이 향후 15년 안에 세계 6대 기축통화가 될 것이라는 전망을 하기도 하고, 세계 100대 금융기관들이 향후 2년 동안 비트코인과 블록체인 핵심기술에 10조 달러 이상을 투자할 것으로 추산하기도 했다. 2015년 10월에는 유럽연합EU에서 비트코인을 부가가치세 부과대상인 상품이 아니라 화폐로 규정하기도 했다.

비트코인 위키Bitcoin Wiki와 월스트리트 저널*WallStreet Journal*의 언론인 출신 케이시Casey와 비냐Vigna가 저술한 "비트코인 현상, 블록체인 2.0"*The Age of Crypto Currency*에서 서술한 비트코인의 역사를 연도별로 살펴보면 다음과 같다.〈부록 I 참조〉

2008년 10월 31일 미국 뉴욕에서 암호학 전문가 및 관련자 수백 명이 사토시 나카모토Satoshi Nakamoto의 이메일을 받게 된다. 그 이메일은 새로운 전자통화인 비트코인에 대해 언급하며 9쪽의 논문을 다운로드할 수 있는 URLuniform resource locator과 연결돼 있었다. 이 논문은 비트코인을 분산화된 P2Ppeer-to-peer 네트워크의 프로토콜protocol을 적용하고, 디지털 서명으로 연결된 체인blockchain이라고 정의했다. 제3자에 의한 신용 개입 없는 탈중앙집권화 시스템, 네트워크의 모두가 참여해 작업증명을 하는 화폐발행 시스템, 작업증명 과정으로 이중 지불문제 해결, 네트워크 참여자의 익명성 보장 및 P2Ppeer-to-peer 방식에 의한 당사자 간 디지털 화폐 송금의 가능성 등을 제시하며 디지털 화폐시대의 개막을 알렸다.

2009년 1월 사토시 나카모토Satoshi Nakamoto의 1번 노드에서 창세기 블록genesis block이 생성되고, 최초로 50 BTC가 발행됐다.〈부록 I 참조〉 비트코인을 채굴할 수 있는 프로그램 버전 0.1이 출시되고, 이와 관련된 암호화 기술이 메일링 리스트에 있는 그룹에 공개됐다.〈부록 I 참조〉 그러면서 사토시 나카모토Satoshi Nakamoto는 비트코인이 중앙서버나 중앙집권적 권력 없는 완전한 탈중앙집권화 시스템이며, 이중 지불문제도 해결됐다고 재차 언급했다. 2009년 1월 할 핀니Hal Finney가 2번 노드로 참여해 첫 번째 비트코인 거래가 성립됐는데, 이 때 10 BTC가 송금됐다.〈부록 I 참조〉 2009년 10월에는 온라인상에서 뉴 리버티 스탠더드New Liberty Standard라는 채굴자가 최초로 달러 기반 환율을 공시했는데, 채굴로 인한 전기요금을 기준으로 미달러당 1,309.03 BTC로 표기(1BTC당 0.08센트)했다.〈부록 I 참조〉

그리고 라슬로 한예크Laszio Hanyecz가 채굴에 CPUcentral processing unit 방식이 아닌 GPUgraphics processing unit 방식을 사용하기 시작했다.

2010년 중반 개빈 앤더슨Gavin Andersen을 개발자 리더로 지정한 사토시 나카모토Satoshi Nakamoto가 온라인상에서 자취를 감추며 비트코인 커뮤니티가 태동했다. 2010년 5월에는 미국의 라슬로 한예크Laszio Hanyecz가 영국의 제르코스Jercos에게 10,000 BTC를 지불하고 파파존스에서 25달러에 해당하는 치즈피자를 주문해 비트코인이 최초로 실물거래에 사용됐다. 채굴 프로그램인 비트코인 버전 0.3이 슬래시닷Slashdot이라는 잡지에 소개되면서 많은 사람들이 비트코인에 대해 관심을 갖기 시작했다. 이때 비트코인의 달러 환율이 $0.008/BTC에서 $0.08/BTC로 10배 상승했다.

2010년 7월 최초의 가상화폐 거래소인 마운트 곡스Mount Gox가 출범하며 비트코인의 시가총액이 100만 달러를 기록했으며, 달러 환율은 $0.50/BTC로 형성됐다. 이때쯤 슬러시Slush라는 풀 마이닝pooled mining업체를 통해 첫 블록이 생성됐다. 그리고 10만5천 번째 블록이 생성돼 5백만2천5백 BTC가 발행됐는데, 이 기간에 총 2,100백만 블록 중 약 25%가 채굴됐다. 2011년 2월 마운트 곡스Mount Gox에서 비트코인과 달러가 1:1 환율을 형성했다. 그해 3월에는 영국 파운드와 비트코인을 교환하는 브릿코인Britcoin이 개설되고, 브리질 헤알화Reals와 비트코인을 교환하는 비트코인 브라질Brasil도 개설됐다. 폴란드 즈워티화Zloty와 비트코인을 교환하는 BitMarket.eu도 개설되고, 비트코인이 거래소 bitcoin-otc에서 풋옵션put option 계약 판매가 이뤄졌다.

2011년 4월 타임지*The Times*에 "Online Cash Bitcoin Could Challenge Government, Banks"라는 기사가 게재됐다. 마운트 곡스Mount Gox에서 BTC/USD가 유로 및 영국 파운드와 연계된 환율이 산정됐으며, 비트코인의 화폐발행액이 1천만 달러를 돌파했다. 이 때 비트코인의 채굴 난이도가 100,000을 돌파했다. 2011년 6월에는 마운트 곡스Mount Gox에서 USD/BTC가 10달러에 형성됐으며, 비트코인의 시가총액이 206만 달러로 평가됐다. 그러나 BTC당 10 달러로 환율이 하락하며 최대 낙폭을 기록하기도 했다.

2011년 6월 비트코인 포럼 참가자인 알린 베인AllinVain이 25,000 BTC가 자신의 비트코인 지갑에서 사라졌다고 주장했는데, 그 당시 이 금액은 375,000달러에 해당한다. 이뿐만 아니라 마운트 곡스Mount Gox의 데이터베이스에 오류가 발생해서 6만 명의 이용자명, 이메일 주소 및 패스워드가 유출됐다. 이 당시 비트코인 사용자의 패스워드가 지나치게 단순했던 것도 공격에 취약한 원인이 됐다. 누군가 마운트 곡스Mount Gox의 관리자 계정에 접속해 수천만 개의 가짜 비트코인을 매도한다는 계약을 공시하며, 비트코인 가격이 17.51달러에서 0.01달러로 폭락했다. 마운트 곡스Mount Gox에서 가짜 거래를 환불해 준다는 발표를 했고, 7일간 비트코인 거래가 중지됐다. 마운트 곡스Mount Gox 데이터베이스에서 유출된 이용자명이 온라인 지갑서비스 업체인 마이 비트코인MyBitcoin에서 사용되고 패스워드도 해킹 당했다. 마이 비트코인MyBitcoin 계정에서 6백 명이 비트코인을 도난당했는데, 이 때 최대 피해자는 2,000 BTC를 잃어버렸다. 그리고 전자프런티어재단EFF에서 법적인 불확실성으로 인해 비트코인으로 기부 받는 것을 중단하겠다고 발표했다. 이 때 비트코인의 채굴 난이도가 1,000,000에 이르고 133,056번째 블록이 생성됐다.

2011년 7월 인터벡스 디지털Intervex Digital이라는 프로그램 개발업체에서 아이패드iPad를 지원하는 비트코인 모바일 앱을 출시했다. 그해 8월에는 뉴욕에서 첫 비트코인 컨퍼런스와 세계 엑스포가 개최됐다. 이때쯤 P2Ppeer-to-peer 그룹 마이닝 풀mining pool인 P2Pool에서 142,312번째 블록이 생성됐다. 체코의 프라하에서 비트코인 컨퍼런스가 개최돼 유럽에서도 비트코인에 대한 관심이 높아졌다. 그러나 2012년 3월 웹호스팅 리노드Linode에서 50,000 BTC라는 역사상 가장 큰 규모의 도난 사건이 발생했다. 2012년 5월에는 사토시 다이스Satoshi Dice라는 게임업체가 비트코인 거래량의 50%가 넘는 단일 업체가 됐다. 이때 181,919번째 블록이 1,322개

비트코인 주요 역사 요약

연도		내용
2008	10.31	• 사토시 나카모토(Satoshi Nakamoto)가 새로운 전자통화인 비트코인 언급 • 비트코인을 디지털 서명으로 연결된 체인이라고 정의 • 분산화된 P2P 네트워크의 프로토콜 적용 • 제3자에 의한 신용 개입 없는 탈중앙집권화 시스템 • 네트워크의 모두가 참여하는 작업증명을 통한 화폐발행 시스템 • 작업증명 과정으로 이중 지불문제 해결 • 네트워크 참여자의 익명성 보장 • P2P 방식에 의한 당사자 간 디지털 화폐 송금 • 디지털 화폐시대의 개막
	11.9	• 소스포지(SourceForge)의 오픈소스 프로그램에 비트코인 프로젝트 등록
2009	1.3	• 1번 노드에서 창세기 블록체인 생성 • 50 BTC 발행
	1.9	• 비트코인 버전 0.1 출시 • 암호화 기술을 메일링 리스트에 있는 그룹에 공개
	1.12	• 할 핀니(Hal Finney)가 2번 노드로 참여해 첫 번째 비트코인 거래 성립
	10.5	• 온라인상에서 한 채굴자가 달러 기반 환율 공시 • 전기비용 기준으로 미달러당 1,309.03 BTC로 표기(1BTC당 0.08센트)
2010	중반	• 라슬로 한예크(Laszio Hanyecz)가 채굴에 CPU 방식 대신 GPU 방식 채용
	중반	• 비트코인 커뮤니티 형성 • 개빈 앤더슨(Gavin Andersen)을 개발자 리더로 지정
	5.22	• 미국의 라슬로 한예크(Laszio Hanyecz)가 영국의 제르코스(Jercos)에게 10,000 BTC를 지불하고 파파존스에서 25달러에 해당하는 치즈피자 주문
	7.17	• 최초의 거래소 마운트 곡스(Mount Gox) 출범
2011	1.28	• 10만5천 번째 블록이 생성돼 5백만2천5백 개의 비트코인 발행 • 총 2천백만 블록 중에서 약 25%가 채굴됨
	2.9	• 마운트 곡스(Mount Gox)에서 달러와 1:1 환율 형성
	6.19	• 마운트 곡스(Mount Gox)의 데이터베이스에 오류 발생 • 비트코인 가격이 17.51달러에서 0.01달러로 폭락
	8.20	• 뉴욕에서 첫 비트코인 컨퍼런스와 세계 엑스포 개최
2012	9.27	• 비트코인 재단 설립
	11.28	• 21만 번째 블록이 처음으로 25 BTC를 보상 받음
	12.6	• 유럽에서 비트코인 거래소가 은행업 허가 취득
2013	3월	• 키프로스의 금융 불안으로 비트코인 수요 급증
	3.28	• 비트코인시장 규모가 1천만 달러 돌파
	10월	• 온라인 블랙마켓인 실크로드(Silk Road)를 미 연방 수사국(FBI)이 수색하고 비트코인을 압수 • 미 연방 수사국(FBI)이 비트코인 경매로 자금 회수

출처: Bitcoin Wiki / 마이클 캐이시 · 폴 비냐(2015)

의 거래를 기록한 가장 긴 블록으로 생성됐다.

2012년 9월 영국 런던에서 비트코인 컨퍼런스가 개최됐고 비트코인 재단도 설립됐다. 이때 21만 번째 블록이 반감기를 거치면서 처음으로 25 BTC를 보상 받았다. 2012년 12월 유럽에서 처음으로 비트코인 거래소가 은행업 허가를 취득했으며, 다운로드 속도와 블룸 필터링bloom filtering이 개선된 비트코인 클라이언트client 버전 0.8이 출시됐다. 2012년 말 키프로스Cyprus의 금융위기를 해결하는 과정에서 키프로스Cyprus 정부는 2013년 3월에 은행시스템을 정상화하기 위해 모든 은행계좌에서 10%를 세금으로 징수했다. 그리고 뱅크 런bank run을 우려해 자금이체를 동결했다. 키프로스Cyprus 정부가 발행하는 화폐와 금융시스템에 대한 불신이 증폭되면서 비트코인 가격의 상승을 견인했다. 이에 따라 마운트 곡스Mount Gox의 비트코인 환율이 2011년 6월 수준인 31.91달러로 회복됐다. 그리고 미 연방정부에서 비트코인 사용자가 달러로 환전할 때 자금세탁방지법을 적용하겠다고 발표했다. 이때 비트코인 시장 규모가 1천만 달러를 돌파했으며, 마운트 곡스Mount Gox와 다른 주요 거래소에서 USD/BTC가 100달러를 기록했다. 2011년 3월 개장해 주로 마약을 중심으로 불법적인 상품을 판매하던 사이버 블랙마켓 실크로드Silk Road가 구매자와 판매자의 신분을 감추기 위해 비트코인을 거래에 사용했다. 이에 따라 2013년 10월 미 연방 수사국FBI이 실크로드Silk Road를 급습해서 비트코인 5만 개를 압수하고 경매를 통해 자금을 회수했다.

블록체인의 구조

인터넷의 출범이 정보의 독점체계를 무너트렸다는 평가를 받는다면, 블록체인은 불특정 다수가 참여하는 네트워크의 신뢰 문제를 거론한 이른바 "비잔틴 장군의 문제"를 해결했다고 평가받는다. 블록체인은 디지털 데이터의 관리나 전송과 관련된 상호간의 신뢰 문제를 해결했을 뿐만 아니라 네트워크에서 가상화폐나 금융거래를 할 때 해킹을 방지하기 위한 유용한 디지털 기술이기도 하다.

네트워크에서 블록체인의 보안성이 강한 이유는 외부 침입자가 특정 블록을 해킹하려면 해당 불록과 연결되고 맨 마지막에 생성된 블록에서부터 역으로 해당 블록까지 모든 블록을 해킹해야 한다. 해킹 후 승인과정을 위해 과반수의 노드를 해킹해야 하는데, 이 과정을 새로운 블록이 생성되기 전인 10분 안에 마무리해야 한다. 따라서 네트워크의 사용자인 노드 수가 증가할수록 이 과정은 더욱 어려워지게 된다.

비트코인을 발행하는 과정에서 블록체인의 각 블록은 거래장부의 역할을 수행한다. 블록체인은 연속적인 블록으로 네트워크에서 불특정 다수의 노드가 중앙관리체계나 중앙원장central ledger 없이 공동으로 구축하는 시스템이다. 따라서 블록체인은 일종의 분산원장distributed ledger으로 거래기록과 승인 과정을 네트워크의 노드로부터 공동의 검증을 받기 때문에 신뢰도를 확보할 수 있는 보안 프로토콜protocol이다. 결과적으로 블록체인은 암호화된 보안체계로 네트워크의 모든 사용자가 공유하기 때문에 특정 사용자나 집단이 일방적으로 시스템을 통제할 수 없게 된다.

비트코인은 기본적으로 블록체인을 기반으로 하며, 새로운 블록은 매 10분마다 한 개씩 생성된다. 생성된 블록은 시간 순으로 연결되는데 이를 블록체인이라고 한다. 비트코인의 거래정보를 활용해 해시hash라는 단방향uni-directional 암호화 알고리즘algorithm으로 새로운 블록을 생성하기 위해 네트워크의 사용자들은 경쟁을 하게 되며, 새로운 블록의 생성에 성공한 단말기는 그 보상으로 비트코인을 지급받게 된다. 해시hash는 해시함수로부터 만들어지는데, 원함수로 해시 값을 만드는 것은 쉽지만, 반대로 해시 값으로 원함수를 만드는 것은 불가능하다. 따라서 원함수를 대조하지 않고 해시 값만 대조해도 두 원함수의 동일성 여부를 파악할 수 있다. 이 과정을 채굴이라 하고 이 과정에 참여한 사용자를 노드라고 한다.

모든 블록에는 암호화된 문자열이 저장돼 있는데, 네트워크의 노드들은 블록체인의 마지막 블록이 생성된 이후 10분 동안의 거래내역을 취합하고 정리해서 새로운 거래정보 파일인 블록을 만들어 기존의 블록체인에 연결해 블록체인을 재구성한다. 이 과정이 끝나고 10분마다 최소 6번의 확인confirm을 받은 후에 무결점이 증명되면 비로소 채굴과정이 완전히 종료된다. 따라서 블록이 생성되고 블록체인에 완전하게 연결되기 위해서는 최소 1시간이 소요된다.

새로운 블록이 생성되면 네트워크의 노드들은 동일한 블록체인을 복사해서 나눠 갖는다. 이 때 특정 노드의 블록 중 일부라도 서로 연결된 다른 노드의 블록과 일치하지 않으면 이 블록은 손상된 것이기 때문에 이를 폐기하고 다른 블록을 복사해서 재배포한다. 이때 폐기된 블록은 고아블록으로 남게 된다.

다음은 사토시 나카모토Satoshi Nakamoto가 발표한 논문 "비트코인: 개인 간 전자화폐 시스템"(번역 츄이스, Naver.com)의 내용을 요약·발췌한 것이다. 많은 사람들이 이 논문으로 인해 블록체인에 관심을 갖게 됐지만 이 논문은 기본적으로 화폐발행과 관리시스템에 관한 내용이며, 전반부에서 거래, 타임스탬프 서버, 작업증명, 네트워크 및 보상 등을 통해 블록체인의 구조와 과정을 설명하고 있다.

거래

전자화폐는 디지털 서명의 연속이며, 각 암호키 소유자들이 그 전까지의 거래내역을 다음 참여자의 공개키에 연결한 후 자신의 비밀키로 암호화한 디지털 서명을 하면 된다. 화폐를 받는 참여자는 서명을 한 참여자들의 체인과 서명을 검증할 수 있다. 또한, 중앙관리체계 없이 이중지불을 방지하는 방법은 가장 먼저 생성된 거래내역을 찾아내면 된다. 즉, 참여자들이 시간 순서에 따라 단일 거래내역으로 수용하는 시스템을 구축하게 된다. 이 때 화폐를 받는 사람은 매 거래마다 과반수의 노드로부터 최초의 거래라고 인정을 받는 시간 증명이 필요하게 된다.

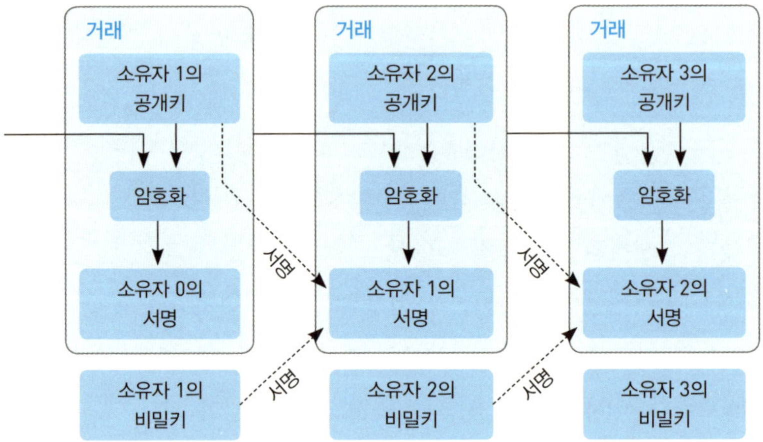

출처: 사토시 나카모토, 비트코인: 개인 간 전자화폐 시스템(번역 츄이스, Naver.com)

타임스탬프time stamp 서버

시간 증명을 위해서는 타임스탬프 서버를 활용하면 된다. 이 과정은 시간내역이 기록된 항목들로 구성된 블록 해시hash를 취합하고, 그 해시 값을 참여자 모두에게 전송하면 된다. 이런 타임스탬프 내역에 이전 타임스탬프로부터 받은 해시hash 내역을 포함시킴으로써 강화된 체인을 형성하게 된다.

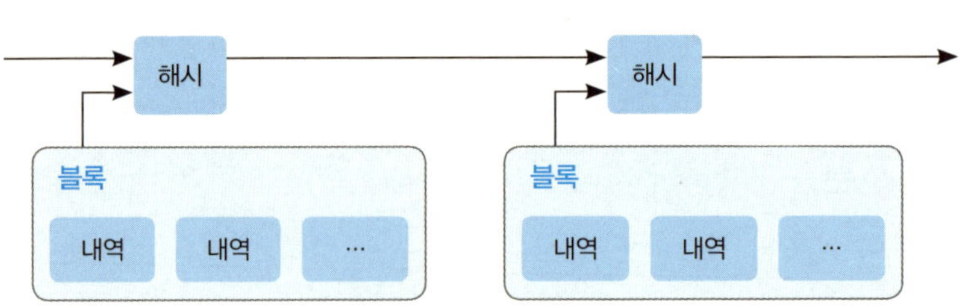

출처: 사토시 나카모토, 비트코인: 개인 간 전자화폐 시스템(번역 츄이스, Naver.com)

작업증명

P2Ppeer-to-peer를 기반으로 하는 분산 네트워크 타임스탬프 서버를 구현하기 위해서는 애덤 백 해시캐시Adam Back's Hashcash와 유사한 작업증명 시스템을 활용하면 된다. 작업증명에는 SHA-256과 같은 알고리즘algorithm을 사용하며, 이 과정은 다수의 0비트로 시작하는 암호화 해시 값을 찾는 과정이 된다.

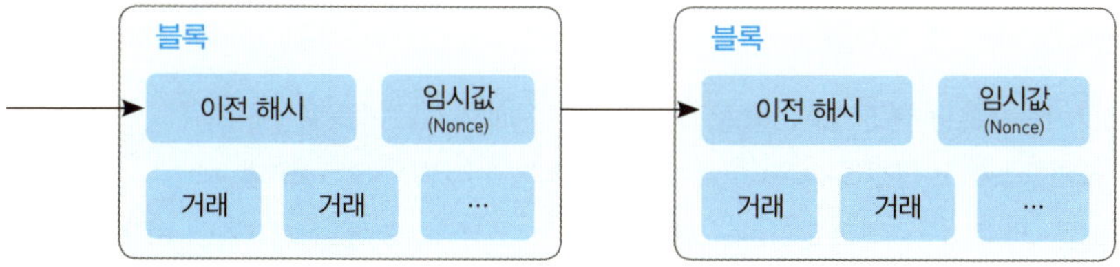

출처: 사토시 나카모토, 비트코인: 개인 간 전자화폐 시스템(번역 츄이스, Naver.com)

네트워크

네트워크는 다음의 절차에 따라 진행된다. 1) 새로운 거래 내역을 모든 노드에 공지, 2) 각 노드들은 새로운 거래 내역을 블록에 취합, 3) 각 노드들은 그 블록에 대한 작업증명을 찾는 과정 수행, 4) 어떤 노드가 작업증명을 성공적으로 수행했을 때 모든 노드에게 그 블록을 전송, 5) 노드들은 그 블록이 이전의 모든 거래에 사용되지 않고 유효한 경우에만 승인, 6) 노드들은 자신이 승인한 블록의 해시 값을 기준으로 다음 블록의 생성 과정을 시작한다.

보상

블록 생성에 성공하면 비트코인으로 보상하고, 수수료도 추가로 지급하면 된다. 이는 중앙기관 없이 네트워크를 구성한 대가이며 이때의 비용은 컴퓨팅 자원과 전력소비가 된다.

FYI for your information

SZA-256 해시Hash

해시함수는 단방향 암호화 알고리즘algorithm이다. 특정 데이터를 변환하고 치환하는 과정을 통해 난수random number의 형태로 바꾸는 과정에 사용된다. 이 변형된 난수의 값을 해시 값이라고 하며, 해시 값이 다르면 원 데이터도 서로 다르다는 것을 의미한다. 이런 특성으로 인해 해시함수는 디지털 서명을 위한 암호화 작업에 활용된다. 사토시 나카모토Satoshi Nakamoto가 블록체인을 기반으로 비트코인을 발행하는 과정에서 디지털 서명을 위한 암호화 작업에서도 해시함수를 활용했다.

- Mhash/s는 1초당 백만 해시hash로 SHA-256이 2배가 되는 속도를 의미
- W는 와트watt로 최대전력소비이며 1초당 에너지는 1J=W×s로 나타냄
- 줄joule은 에너지 단위인데 Mshsh/J는 줄당 백만 해시hash로 에너지 효율성 지표로 활용

FYI for your information

네트워크의 비잔틴 장군 문제

비잔틴 장군의 문제는 분산 컴퓨팅의 네트워크에서 악의적인 참가자가 있을 때 합의에 이르는 과정에서 발생할 수 있는 문제를 지적한 예이다. 사토시 나카모토Satoshi Nakamoto가 블록체인으로 비트코인 체계를 제시하면서 비잔틴 장군의 문제가 해결됐다고 평가받는다. 이 문제는 임의로 형성된 네트워크에서 상호 간에 신뢰성이 없지만 정보를 교환해야 할 때 행동지침에 대한 동의를 구하는 과정에서 발생한다. 사토시 나카모토Satoshi Nakamoto가 신뢰성을 담보하는 중앙 관리체계가 없을 때 네트워크에서 동의를 얻기 위해 작업증명의 개념을 도입한 것이 그 핵심이다. 이런 해결책은 분산 컴퓨팅 시스템에서 획기적인 것으로 여겨진다. 이 방법은 비트코인과 같은 가상화폐의 발행뿐만 아니라 블록체인을 활용하는 모든 분야에 적용할 수 있다. 블록체인에 의한 작업증명 과정을 통해 악의적인 참가자에 의한 부정과 변조를 방지할 수 있고, 정보 전달의 지연으로 인한 불일치를 해소할 수 있으며, 네트워크를 자율적으로 유지하고 운영할 수 있는 기반을 조성할 수 있다.

출처: 아카하네 요시하루·아니케이 마나부(2017)

비트코인의 화폐 발행 메커니즘에 의하면 비트코인의 총발행량은 내장된built-in 프로그램에 의해 이미 정해져 있기 때문에 인위적으로 조절할 수 없으며, 2140년이 되면 채굴과정과 블록체인의 생성이 종료된다. 블록 생성에 따른 보상은 매 4년을 주기로 반감기를 갖는데, 2140년까지 34번의 반감기를 거치게 된다. 비트코인의 총발행량은 2,100만 BTC이고 블록은 693만 개다. 2024년까지 비트코인과 블록 생성 과정을 살펴보면 다음과 같다.

표준화 추이는 평균mean과 분산variance이 서로 다른 자료를 평균은 0, 분산은 1을 기준해서 변환하기 때문에 자료의 변화율을 동일한 스케일로 파악할 수 있다.

블록 및 비트코인 화폐 발행계획

연도	블록	보상 주기	블록당 BTC	시작 BTC	추가 BTC	종료 BTC	BTC 증가(%)	누적 발행률(%)
2009	0	1	50.00	0	2625000	2625000	∞	12.500
2010	52500	1	50.00	2625000	2625000	5250000	100.00	25.000
2011	105000	1	50.00	5250000	2625000	7875000	50.00	37.500
2012	157500	1	50.00	7875000	2625000	10500000	33.33	50.000
2013	210000	2	25.00	10500000	1312500	11812500	12.50	56.250
2014	262500	2	25.00	11812500	1312500	13125000	11.11	62.500
2015	315000	2	25.00	13125000	1312500	14437500	10.00	68.750
2016	367500	2	25.00	14437500	1312500	15750000	9.09	75.000
2017	420000	3	12.50	15750000	656250	16406250	4.17	78.125
2018	472500	3	12.50	16406250	656250	17062500	4.00	81.250
2019	525000	3	12.50	17062500	656250	17718750	3.85	84.375
2020	577500	3	12.50	17718750	656250	18375000	3.70	87.500
2021	630000	4	6.25	18375000	328125	18703125	1.79	89.063
2022	682500	4	6.25	18703125	328125	19031250	1.75	90.625
2023	735000	4	6.25	19031250	328125	19359375	1.72	92.188
2024	787500	4	6.25	19359375	328125	19687500	1.69	93.750

출처: Bitcoin Wiki

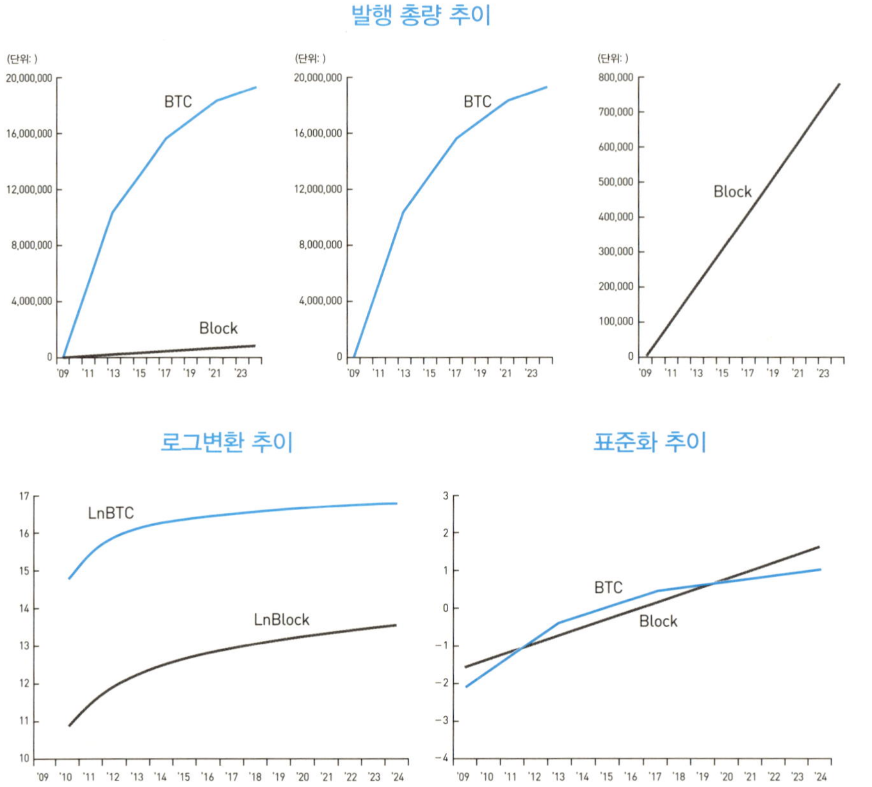

출처: 국제결제은행

비트코인의 가치 평가: 달러환율과 피자 구입

비트코인은 네트워크에서 디지털 데이터의 형태로만 존재하는 가상화폐다. 따라서 사실상 내재가치intrinsic value는 없다. 그런데 비트코인의 달러환율이 만들어지고 상품거래에 이용되면서 가치교환의 수단으로 등장하는 계기를 마련했다. 2009년 10월 5일 한 채굴자가 최초로 공시한 비트코인의 대미환율은 1,309.03

BTC로, 이는 1 BTC로 환산하면 0.08센트에 해당한다. 이 대미환율은 그 자체보다 비트코인을 달러와 연계를 시도했다는 데 의미가 있다. 이 채굴자는 그 후로도 비트코인의 대비환율을 지속적으로 작성해 발표했다.〈부록 I 참조〉

2010년 5월에는 미국의 라슬로 한예크Laszio Hanyecz가 영국의 제르코스Jercos에

FYI for your information

최초의 비트코인 대미달러 가치평가

온라인상에서 뉴 리버티 스탠더드New Liberty Standard라는 채굴자가 2009년 10월 5일 달러 기반 환율을 최초로 공시했다. 산정기준은 채굴에 소요되는 전기료를 바탕으로 했으며, 미달러당 1,309.03 BTC로 표기했다. 이는 1 BTC로 환산하면 0.08센트에 해당한다. 이 대미달러 환율 공시는 비트코인의 가치가 시장에 반영된 최초로 기록되고 있다.

출처: Bitcoin Wiki

FYI for your information

최초의 비트코인 상품거래

2010년 5월 18일 미국의 라슬로 한예크Laszio Hanyecz가 영국의 제르코스Jercos에게 1만 BTC를 지불하고 파파존스에서 25달러에 해당하는 치즈피자를 주문했다. 이 거래는 비트코인을 사용해 상품을 구매한 최초의 기록이다. 그 당시 1만 BTC는 41달러 정도였다. 비트코인 사용자들은 이 거래를 기념하기 위해 5월 19일을 "비트코인 파자 데이"로 명명했다. 이 가치는 1년 후인 2011년 5월에 7만 달러에 이르게 됐다.

출처: businessinsider.com

출처: Bitcoin Wiki

게 10,000 BTC를 지불하고 파파존스에서 25달러에 해당하는 치즈피자를 주문해 비트코인이 최초로 실물거래에 사용됐다. 이 가치는 1년 후인 2011년 5월에 7만 달러에 이르게 됐다.

비트코인의 채굴 난이도

비트코인의 채굴과정은 과거의 거래정보를 기록한 공공원장public ledger에 새로운 거래 기록을 추가하는 작업이다. 과거의 원장 거래기록을 블록이라 하고, 이것과 연속적으로 연결되는 블록이 블록체인이다. 블록체인은 네트워크의 다른 노드들과 함께 거래와 승인 과정에 참여하게 된다.

채굴과정의 주요한 역할은 합의된 의사결정 과정을 통해 보안 체계의 접근 가능성을 승인하는 것이다. 채굴과정의 또 다른 의미는 블록체인이라는 체계 안에서 지불이나 송금을 할 때 비트코인을 사용할 수 있는 메커니즘을 구축하는 것이기도 하다. 채굴자는 채굴에 따른 직접적인 보상 이외에도 거래 수수료를 지불 받게 된다. 이런 일련의 과정이 분권화된 거래에서 새로운 블록을 생성하고 보안성을 제고하려는 동기를 부여하게 된다.

비트코인의 채굴과정은 네트워크의 거래 정보를 취합해서 해시hash SHA-256에 의한 단방향uni-directional 알고리즘algorithm을 활용해 새로운 블록을 생성하기 위해 네트워크의 노드들은 경쟁을 한다. 채굴과정의 난이도는 블록 헤더block header의 SHA-256 해시율에 의해 결정되는데, 네트워크에서 채굴을 시작하기 위해서는 목표로 삼은 블록보다 해시율이 낮거나 최소한 같은 수준이여야 한다. 블록의 해시값은 0으로 구성된 숫자들인데, 매 단계에서 새로운 해시hash를 생성하기 위한 해시hash의 확률 계산은 작은 수의 0으로부터 시작해서 점차 큰 수를 적용해야 하기 때문에 기본적으로 수많은 시행착오의 과정을 거친다.

채굴과정의 난이도는 새로운 블록을 찾는 어려움과 과거에 블록을 찾았던 과정에서 가장 용이했던 경우와 비교하는 것이다. 채굴 난이도는 2,016 블록마다 다시 계산되기 때문에 정확히 2주마다 채굴 난이도가 동일해진다. 이 과정을 거치면서 매 10분마다 새로운 블록이 생성된다. 네트워크에서 채굴자가 증가해 블록 생성률이 증가할수록 채굴에 따른 보상을 받기 위한 난이도도 함께 증가한다.

채굴에 성공하면 네트워크의 모든 노드들로부터 합의된 의사결정 과정을 통해 승인을 받고 비트코인을 보상받게 된다. 이때 모든 노드들로부터 승인받지 못한 블록은 폐기된다. 비트코인은 4년을 주기로 21만 블록이 채굴될 때마다 보상이 절반으로 줄어드는 반감기를 거치게 되는데, 2017년 현재 이미 반감기가 두 번 지나갔기 때문에 채굴에 따른 보상은 블록당 12.5 BTC다. 비트코인 채굴에 있어서 채굴자는 비트코인뿐만 아니라 거래 수수료를 성과급으로 받게 되며, 비트코인의 채굴이 완료되면 거래 수수료만이 비트코인 보유자에게 주어지는 보상이 된다.

최근에는 개별 노드를 통한 비트코인의 채굴이 어려워짐에 따라 클라우드 마이닝cloud mining이나 풀 마이닝pooled mining에 의존하는 경우가 많다. 풀 마이닝pooled

비트코인의 누적발행 수

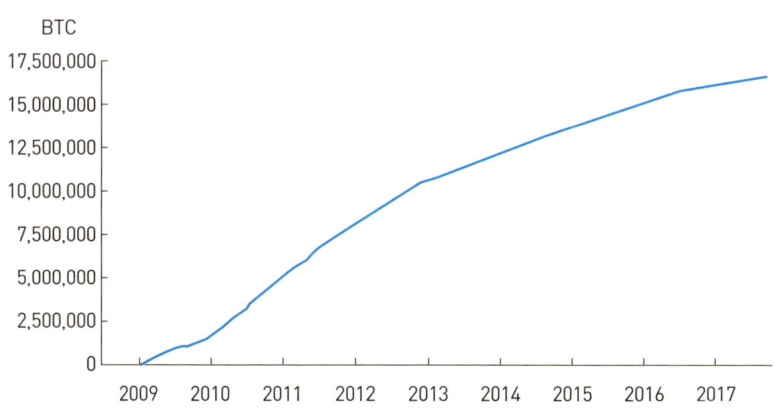

출처: blockchain.info

해시율 분포

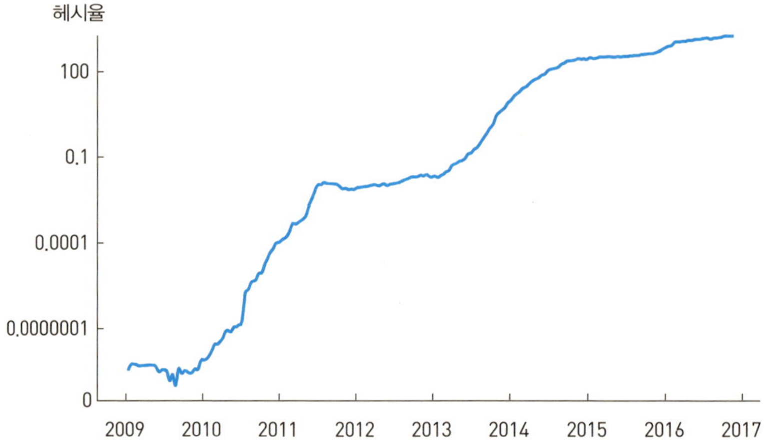

출처: organofcorti.blogspot.com

mining의 경우 앤트 풀AntPool의 시장점유율이 16.5%로 1위를, BTC.TOP이 14.4%로 2위를 각각 기록하고 있으며, 상위 4개 업체가 전체의 54.1%를 채굴하고 있다.

가상화폐의 출현: 비트코인 캐시

비트코인은 출범 당시부터 분산 서비스 거부 공격인 DDoSDistributed DoS나 대규모 마이닝 풀mining pool의 독점을 방지하기 위해 블록체인의 크기를 1MB로 규정했다. 그러나 2013년 이후 비트코인의 채굴과 거래가 활성화되면서 채굴 난이도가 급격히 증가함에 따라 블록당 1MB의 용량으로 인해 네트워크의 속도가 현저하게 저하돼 채굴 속도뿐만 아니라 거래를 위한 송금결제에도 많은 지장을 초래하게 됐다. 이런 문제를 해결하기 위해 비트코인 커뮤니티는 블록의 크기를 증가시키거나, 세그위트SegWit: Segregated Witness의 도입을 논의했다. 블록의 크기를 증가시키는 것은 하드포크hard fork에 의한 과정을 거쳐야 한다. 그리고 세그위트SegWit는 "분리된 증인"이 의미하는 것처럼 승인과정인 디지털 서명을 블록과 분리하면 그만큼 블록에 더 많은 거래를 기록할 수 있는 공간 확보가 가능하게 된다. 이 과정은 소프트 포크soft fork에 해당한다.

비트코인 커뮤니티에서 블록 크기의 조정문제를 논의했지만 이를 해결하기 위한 의견이 서로 대립되어 왔다. 블록의 크기를 증가시켜 채굴속도를 개선하면 대규모 채굴자의 수익이 감소하기 때문에 중국의 대형 채굴업체인 비트메인Bitmain의 최고경영자CEO 우지한Wu Jihan을 중심으로 블록 크기의 증가를 반대했다. 우지한Wu Jihan은 앤트마이너Ant miner를 비롯한 비트코인 채굴업계에서 가장 큰 해시 파워를 갖고 있다. 세그위트SegWit의 활성화를 위해서는 95% 채굴자의 동의를 얻어야 한다. 이것이 어렵게 되자 동의율을 80%로 하향 조정했지만 40%의 동의를 얻는 데 그쳤다.

따라서 소프트포크 사용자그룹UASF: User Activated Soft Fork, Segwit2x 및 하드포크 사용자그룹UAHF: Uesr Activated Hard Fork 등이 새로운 제안을 하게 됐다. 소프트포크 사용자그룹UASF은 정해진 특정 일자에 무조건 세그위트SegWit를 활성화시키고, 해당 세그위트SegWit의 기능은 지갑을 업데이트한 사용자들끼리만 사용하게 하자는 제안을 했다. Segwit2x도 소프트포크 사용자그룹UASF의 제안에 동의하면서, 같은 해 11월에 하드포크를 통해 블록크기를 2MB로 증가시키겠다는 제안을 했다. 그러나 하드포크 사용자그룹UAHF은 세그위트SegWit를 활성화하지 않은 상태에서 블록 크기를 2MB로 늘리겠다며 이 제안들을 받아들이지 않았다.

2017년 5월 중국의 대형 채굴업체를 비롯한 비트코인 스타트업 업체들이 뉴욕에 모여 소프트포크 사용자그룹UASF 또는 Segwit2x를 통해 같은 해 8월 1일부터 세그위트SegWit를 활성화하자는 데 합의를 했다. 그러나 2017년 7월 17일 대형 비트코인 채굴장과 거래소를 운영하고 있는 중국의 비어비티씨ViaBTC는 8월 1일부터 하드포크 사용자그룹UAHF의 제안을 시행해 기존의 비트코인 블록체인은 유지한 상

비트코인과 비트코인 캐시의 분기점

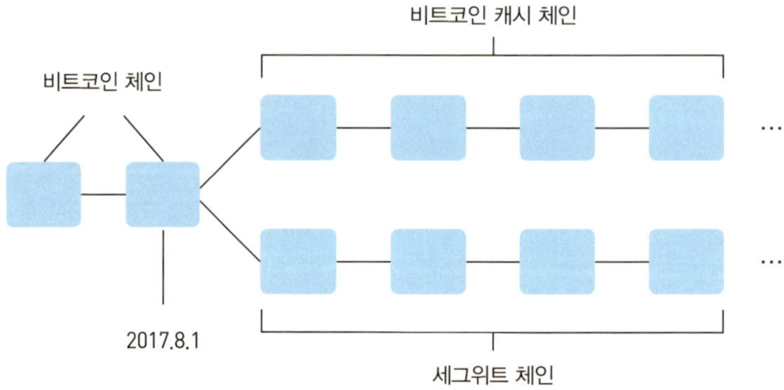

출처: https://www.bitcoin.com

태에서 새로운 알트코인ALT coin인 비트코인 캐시BCH: bitcoin cash를 출범시키겠다고 공표했다. 이 거래소는 비트메인Bitmain 업체로부터 투자를 받고 있다. 이로 인해 비트코인이 분리는 됐지만 비트코인이 두 개의 블록체인으로 운영되는 것은 피하게 됐다.

한국시간으로 2017년 8월 1일 10시 16분에 생성된 478,558번째 블록을 기점으로 하드포크 사용자그룹UAHF이 활성화한 비트코인 캐시BCH가 분리됐다. 따라서 비트코인은 1MB를, 비트코인 캐시BCH는 2MB를 블록의 채굴에 사용하게 됐다. 2017년 8월 1일 10시 16분부터 비트코인을 소유한 이용자는 1:1 비율로 비트코인 캐시BCH를 교환하기로 했다. 처음에는 코인베이스Coinbase, 폴로닉스Poloniex 및 비트맥스BitMEX 등 대형 거래소들이 비트코인 캐시BCH의 상장을 거부했다. 그러나 비트코인 캐시BCH의 출범을 주도했던 비어비티씨ViaBTC가 자신의 거래소를 통해 비트코인 캐시BCH의 거래를 시작하면서 가격이 60만원대 수준을 유지하며 이탈하는 사용자가 발생하자 대형 거래소들도 상장을 하게 됐다. 그 후로 비트코인 캐시BCH는 가격의 등락을 거듭하며 안정세를 유지하고 있다.

가상화폐 정보 제공 사이트 코인데스크CoinDesk에 의하면 한국시간으로 8월 2일 새벽 3시 14분에 중국 채굴업체 비어비티씨ViaBTC에 의해 첫 번째 비트코인 캐시BCH 블록이 생성됐다. 블록의 크기는 1.915MB이며, 6,985개의 거래 내역이 저장돼 있다. 기존의 비트코인이 1MB에 3,000개의 거래 내역을 저장할 수 있는 것과 비교하면 처리 용량이 두 배 정도 증가한 것이다.

비트코인 캐시BCH는 비트코인에 비해 채굴 난이도가 8배 정도 용이한 것으로 알려졌다. 그리고 처음에 의도했던 대로 네트워크의 속도를 크게 개선시켜 거래 수수료를 비트코인의 10% 수준으로 낮추는 데 성공했다. 비트코인 캐시BCH 지지자

비트코인 캐시 개요

항목	개요
개발자	Wu Jihan
화폐명칭	Bitcoin Cash (BCH, BCC)
ISO	4217
코드	XBT
중앙은행	없음
최초 발행일	2017년 8월 1일
발행 종료일	2140년
사용국가	전 세계
총발행액	2017년 8월 1일부터 발행 2017년 9월 16일 현재 16,482,113 BCH 발행 2140년까지 반감기를 거쳐 2,100만 BCH 발행
화폐단위	mBCH (milli coin, 10^{-3} BCH) μBCH (micro coin 또는 bits coin, 10^{-6} BCH)
ISO에 의한 표기 방식	USD/BCH
통화기호에 의한 표기 방식	
로고	Bitcoin Cash Peer-to-Peer Electronic Cash

출처: 나무위키

비트코인 캐시 주요 역사 요약

연도		내용
2013~2016		• 비트코인의 채굴과 거래가 활성화되며 네트워크의 속도가 크게 느려짐 • 하드포크에 의한 블록크기 증가 또는 소프트포크에 의한 세그위트 도입을 논의 • 중국 대형 채굴업체 비트메인(Bitmain)의 우지한(Wu Jihan) 대표가 블록 크기 증가를 통한 해결책에 반대 • UASF와 Segwit2x가 세그위트의 활성화와 추후 블록 크기 증가를 제안 • UAHF가 2MB 블록 크기 증가를 제안
2017	5월	• 중국의 대형 채굴업체와 비트코인 스타트업 업체들이 뉴욕에서 회동 • UASF와 Segwit2x의 제안대로 세그위트의 활성화에 합의
	7.17	• 중국의 거래소 비어비티씨(ViaBTC)가 기존의 비트코인 블록을 유지한 상태에서 8월 1일부터 UAHF의 제안과 같이 블록 크기를 2MB로 증가시켜 채굴을 시행한다고 공표 • 이것을 비트코인 캐시(BCH)로 명명
	8.1	• 오전 10시 16분(한국시간)에 생성된 478,558 블록을 기점으로 UAHF가 활성화되며 비트코인과 비트코인 캐시(BCH)가 분리
2017.8.1. 이후		• 코인베이스(Coinbase), 폴로닉스(Poloniex) 및 비트맥스(BitMEX) 등 대형 거래소들이 비트코인 캐시(BCH)의 상장을 거부 • 비어비티씨(ViaBTC)가 비트코인 캐시(BCH)의 거래를 시작 • 이탈하는 사용자로 인해 대형 거래소들도 비트코인 캐시(BCH)를 상장

출처: 나무위키

들은 비트코인이 결제수단이라는 목표에서 디지털 자산으로 변형돼서는 안 된다고 주장한다. 중국을 기반으로 출범한 비트코인 캐시BCH를 중국코인 또는 "비트코인의 중국버전"이라고 하기도 한다. 비트코인 캐시BCH는 비트코인과 반대방향으로 기울어진 B자형의 로고를 사용한다. 비트코인 캐시BCH의 출범에 결정적인 역할을 수행했던 비트메인Bitmain의 최고경영자 우지한Wu Jihan은 장기적으로 비트코인 캐시BCH의 가치가 비트코인보다 커질 것이라고 예상했다.

채굴장비 및 방법의 업그레이드

채굴 생태계는 가상화폐의 채굴 환경이 심화됨에 따라 급격하게 변화됐는데, 하드웨어는 CPU, GPU, FPGA 및 ASIC를 장착하면서 업그레이드됐다. 비트코인 채

채굴장비 종류

채굴기	Mhash/s	Mhash/J	Mhash/s/$	Watts
FPGA				
Butterflylabs Mini Rig	25,200	20.16	1.64	1,250
KnCMiner Mars	6,000	-	2.15	-
ZTEX USB-FPGA Model 1.15y	860	-	0.65	-
ASIC				
AntMiner S9	14,000,000	10,182	5,833	1,375
AntMiner U3	63,000	1,000	1,658	63
BFL Monarch 700GH/s	700,000	1,428	508	490

출처: Bitcoin Wiki

굴의 초기 단계에는 CPU 기반의 채굴에 의존했으나, CPU는 데이터처리 용량이 작기 때문에 채굴 속도가 느리게 된다. 따라서 다수의 데이터 처리기가 장착된 GPU 방식을 선호하게 됐고, 채굴을 위한 해시함수를 증가시키기 위해 GPU 장착 컴퓨터를 병렬로 연결하기도 한다. 2013년에는 가상화폐 전용 채굴기인 ASICapplication-specific integrated circuit가 개발되기도 했다.

비트코인의 채굴 프로그램은 CPUcentral processing unit 채굴을 기반으로 프로그래밍됐다. 그러나 채굴과정에서 해시율이 높아짐에 따라 CPU 채굴기를 사용할 경우 채굴 비용이 과다해 비경제적이기 때문에 GPU 채굴기가 등장하게 됐다. 컴퓨터의 CPU는 소프트웨어 또는 사용자의 명령을 실행하는 주축이 된다. 오늘날의 컴퓨터는 주로 멀티코어multi-core CPU를 사용하고 있지만 여전히 문서를 기본으로 하는 인터페이스interface다. 컴퓨터가 게임이나 비디오 편집 등을 지원하기 위해서는 GPUgraphics processing unit가 필요한데 문서 형태보다는 그래픽 형태의 데이터를 처리하는 데 더 큰 용량이 사용되기 때문에 CPU보다는 GPU가 데이터 처리에 우위에 있게 된다. 일반적으로 AMD GPU보다 엔비디아Nvidia GPU의 데이터 처리 속도가 높다. 따라서 가상화폐를 채굴할 때 처리해야 할 데이터의 양이 많기 때문에

GPU 채굴기는 CPU 채굴기에 비해 속도가 크게 향상되고 효율적이다. 보통 800배 정도 빠른 것으로 알려져 있다.

FPGAfield-programmable gate array 집적회로IC는 논리 영역을 내장하고 있어서 사용자가 필요에 따라 컴퓨터 구성의 변환을 용이하게 할 수 있는 장점이 있다. FPGA 기반의 채굴기는 GPU와 비교할 때 속도가 빠르고 효율적이며, 해시율에 비해 전력소비가 크게 감소하는 특징이 있다.

FPGA 모듈

출처: biticom wiki

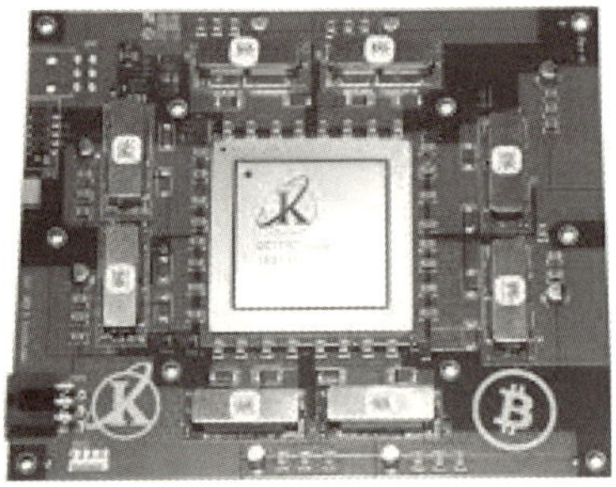

ASIC 모듈

출처: bodnara.co.kr

제네시스 마이닝 센터

출처: cryptocoin.kr

ASIC 채굴기는 ASICapplication-specific integrated circuit를 바탕으로 2013년 중국의 아발론Avalon이 개발했다. 이 컴퓨터 시스템은 비트코인 채굴만을 목적으로 생산됐으며 마이크로칩IC을 기반으로 제작됐다. 이 기종 이후 속도와 효율성이 개선되어 채굴 비용이 격감했다. 이 기종의 대부분은 SHA-256d ASIC를 장착하고 있다. 비트코인에 특화되어 있지만 ASIC를 2개 장착하고 있기 때문에 라이트코인Litecoin의 채굴에 활용되기도 한다. 속도와 효율성은 ASIC의 코어core와 해싱 엔진hashing engine의 수에 따라 결정된다. ASIC 채굴기가 개발된 이후 소수의 채굴자가 다수의 가상화폐를 집중적으로 채굴하는 이기적 채굴이 늘어남에 따라 블록체인의 분산화를 위협하게 되고, 변조 가능성의 문제도 제기됐다. ASIC 채굴기는 1초당 3테라해시tera hash의 연산능력이 있어서 초창기의 CPU 채굴기에 비하면 300만 배 정도 빠르다.

클라우드 마이닝cloud mining은 2013년 CEX.IO에 의해 시작된 가상화폐의 공동채굴방식으로 클라우드 마이닝cloud mining 업체가 주관해서 원거리에 있는 컴퓨터를 네트워크로 연결해 채굴의 효율성을 높이는 시스템이다. 클라우드 마이닝cloud mining 업체가 가상화폐 채굴 서비스를 집중적으로 제공하며, 각 노드와 채굴량이나 기간에 따라 계약을 체결한다. 업체에 따라서는 사용자가 GH/s의 해시 파워를 선호하면 이를 제공하기도 한다. 이 방식의 채굴과정을 통해 각 사용자는 자신의 컴퓨터를 관리하는 데 따른 부담 없이 가상화폐를 획득할 수 있다. 계약의 종류에 따라 컴퓨터를 리스나 렌탈을 하기도 한다. 그러나 채굴에 따른 보상의 일부는 비용으로 지불해야 한다. 현재 CloudHashing, PBmining, Genesis Mining 및 Cointerra 등에서 클라우드 마이닝cloud mining 서비스를 제공하고 있다.

데이터 농장data farms 또는 비트코인 풀 마이닝BPM: bitcoin pooled mining은 2010년에 슬러시Slush가 집합체 형태로 가상화폐의 채굴을 시작하면서 확산됐다. 이 형태의 채굴은 다수의 채굴기를 한 장소에 설치하고 해시 파워를 극대화해서 채굴에 따른 소모 에너지를 최소화하도록 하는 것이다. 가상화폐의 블록생성 기회가 줄어듦에 따라 개인이 채굴작업을 하는 갓은 지나치게 많은 시간과 노력이 필요하게 됐다. 따라서 풀 마이닝pooled mining에 의한 기업형 클라우드cloud 컴퓨팅으로 가상화폐를 채굴하고 채굴량을 분배받는 것이 효율적인 채굴로 여겨진다. 이런 방식으로 채굴 효율성을 높일 수 있으며, 채굴에 기여한 정도에 따라 보상을 공유하게 된다. 채굴 난이도가 높아짐에 따라 채굴 장비를 구입하거나 리스, 렌탈 후 채굴 풀pool에 가입해 채굴을 할 수도 있으나 전문 채굴업체에 투자하는 것이 더욱 효율적인 방법이 될 수도 있다. 2017년 10월 현재 풀 마이닝 업체의 채굴 비중은 AntPool은 16.5%, BTC.TOP은 14.4% 및 BTC.com은 12.3% 등이다.

블록체인닷인포blockchain.info에 따르면 현재 마이닝풀mining pool의 대부분은 중국 채굴업체가 주도하고 있으며, 전체 비트코인 채굴에서 차지하는 비중은 80%를 상회한다. 최근 채굴을 가장 많이 한 상위 5개 마이닝풀mining pool은 AntPool(19.6%), BTC.top(11.7%), BTC.com(11%), Bixin(8.8%) 및 F2 pool(8.6%) 등이 모두 중국 국적의 채굴 업체들이다.

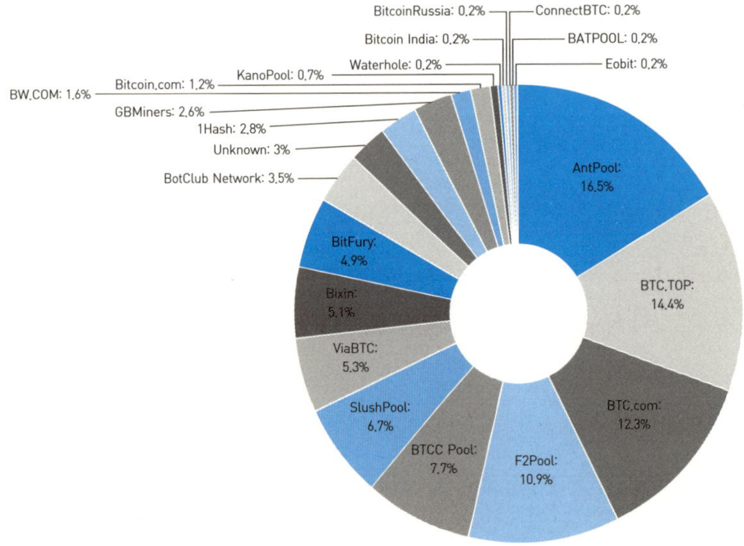

출처: https://blockchain.info

해외 풀 마이닝 업체 현황

업체명	소재지	형태	보상체계	수수료	PPS비용
AntPool	중국	대형	PPLNS PPS	업체부담	2.5%
BTC.com	중국, 미국, 유럽	중형	FPPS	분담	-
BCMonster.com	미국, 유럽, 중국	소형	PPLNS	분담	-
Jonny Bravo's Mining Emporium	미국, 유럽	소형	PPLNS	분담	-

출처: Bitcoin Wiki

국내 풀 마이닝 업체 현황

서비스명	제너시스 마이닝	마이너게이트 클라우드	eobot
홈페이지	genesis-mining.com	minergate.com	eobot.com
채굴량	2,000 GH/s	2,000 GH/s	2,000 GH/s
사용기간	채산성 보장 때까지	채산성 보장 때까지	5년
채굴권 가격	$300	$347	$500
1일 유지비	$0.0030/10 GH/s	$0.0033/10 GH/s	채굴된 코인의 34%
2,000 GH/s 채굴 시 1개월 비용	$0.6/2,000HG/s	$0.66/2,000 GH/s	$0.276/2,000 GH/s
1개월 생산성	$23.064	$23.064	$23.388
손익분기점	13개월	15개월	21개월

출처: www.cryptocoin.kr

비트코인 거래소

2010년 2월 비공식 비트코인 거래소가 출범하고, 그해 7월에는 일본에서 마운트 곡스Mount Gox가 체계적인 비트코인 거래소로 문을 열면서 비트코인의 공식적인 거래가 시작됐다. 그 이후 여러 국가에서 많은 거래소들이 설립되어 비트코인과 달러, 유로, 위안, 엔 및 파운드 등 세계 주요 통화와의 거래 업무를 수행하고 있다.

비트코인뿐만 아니라 이더리움Ethereum, 리플Ripple, 라이트코인Litecoin, 대시Dash 및 넴nem 등과 같은 알트코인ALT coin의 거래도 확대되고 있다. 특정 알트코인ALT coin의 거래를 원한다면 그 가상화폐에 특화된 거래소를 통해 거래할 수 있다.

채굴을 통해 비트코인을 비롯한 가상화폐의 발행이 점차 어려워짐에 따라 거래소를 통한 거래량이 점차 증가하고 있다. 향후 가상화폐가 실물경제와 관계를 정립하고 거품bubble 없는 시장가치를 평가받기 위해서는 거래소의 역할이 중요하다 하겠다. 향후 가상화폐는 현재의 채굴 중심에서 거래소 중심으로 전환될 것으로 전망된다.

중국 금융당국이 국내의 비트코인을 전면적으로 금지하는 정책결정을 하면서 세계 최대 비트코인 시장인 중국의 거래에 지각변동이 예상되고 있다. 중국 금융당국은 중국 내에서 이뤄지는 상업용 비트코인 거래소의 폐쇄뿐만 아니라 매수나 매도 모두를 금지할 것으로 보인다. 즉, P2Ppeer-to-peer 거래, 장외거래 및 네트워크에서 플랫폼을 통한 거래 등 모든 거래를 허용치 않을 것으로 예상되고 있다. 왜냐하면 중국인터넷금융협회NIFA가 중국 비트코인 플랫폼이 법적 기준에 미흡하기 때문에 투자 위험성이 있다고 발표한 이후 비트코인 플랫폼들이 금융당국의 지침에 따라 P2Ppeer-to-peer 트레이딩 서비스를 중단한다고 발표했기 때문이다. 향후 상황의 전개에 따라 중국에서 비트코인을 비롯한 가상화폐의 채굴업체와 거래소가 한국이나 일본으로 진출할 가능성도 예상되고 있다.

거래소에서는 현재시세, 시장가치, 변동 폭 등 비트코인과 알트코인ALT coin의 시세를 실시간으로 확인할 수 있다. 2017년 10월 현재 세계 상위 20위 비트코인 거래소는 다음과 같다.

세계 상위 20위 비트코인 거래소

Rank	Site	Location +currency	Beginner-friendly	Trust score	Buy with...	User-vote	Score
1	coinbase	San Fran, USA USD EUR GBP	✓	A+	CARD + bank transf.	+ (1231 Votes)	9.85
2	iq option	Limassol, Cyprus USD EUR	✓	A+	x100 CFD + bank transf. + card	+ (159 Votes)	9.80
3	BITTREX cryptocurrency exchange	Las Vegas, USA 190+ crypto pairs	✗	B+	CRYPTO-CURRENCY	+ (277 Votes)	9.70
3	LocalBitcoins	local all currencies	✓	A	CASH + paypal + bank transf.	+ (440 Votes)	9.55
4	CEX·IO	London, UK USD EUR GBP RUB	✓	A	CARD + bank transf. + Ethereum	+ (873 Votes)	9.50
5	kraken	San Fran, USA USD EUR CAD GBP JPY	✗	B+	BANK TRANSFER + altcoins	+ (454 Votes)	9.30
6	CoinMama	Virgin Islands EUR USD	✓	A	CARD + Ethereum	+ (68 Votes)	9.20
7	BITFINEX	Hong-Kong USD	✗	B+	BANK TRANSFER + Ethereum + Dash Monero + Zcash	+ (124 Votes)	9.15
8	POLONIEX cryptocurrency exchange	Delaware, USA 75+ crypto pairs	✗	C+	CRYPTO-CURRENCY	+ (320 Votes)	9.10
9	BITSTAMP	Luxembourg USD EUR	✓	B+	CARD + bank transf.	+ (55 Votes)	9.05
10	bisq bitcoin & cryptocurrency exchange	p2p [decentralized] 59+ crypto pairs	✗	n/a	CRYPTO-CURRENCY + bank transf.	+ (175 Votes)	9.00
11	GDAX	San Fran, USA USD GBP EUR	✗	B+	BANK TRANSFER + LTC & ETH	+ (103 Votes)	8.70
12	SHAPESHIFT cryptocurrency exchange	Switzerland 40+ crypto pairs	✗	A	CRYPTO-CURRENCY	+ (150 Votes)	8.65
13	BINANCE cryptocurrency exchange	p2p decentralized 30+ crypto pairs	✗	C+	CRYPTO-CURRENCY	+ (17 Votes)	8.60
14	BLOCKCHAIN info	Luxembourg EUR	✓	B+	CARD	+ (53 Votes)	8.50
15	Changelly cryptocurrency exchange	Prague, Czech Rep. 35+ crypto pairs	✓	C+	CRYPTO-CURRENCY + credit card	+ (1 Vote)	8.10
16	bitcoin.de	Germany	✗	B	BANK TRANSFER	+ (87 Votes)	8.10
17	bithumb cryptocurrency exchange	Seoul, South Korea 8+ crypto pairs	✗	C+	CARD + bank transf.	+ (6 Votes)	8.05
18	Coin ATM Radar	[world ATM map] all currencies	✓	n/a	CASH	+ (57 Votes)	8.05
19	PAXFUL	Delaware, USA	✗	C+	PayPal + debit card + onevanilla + amazon gift	+ (154 Votes)	7.90
20	CRYPTOPAY	London, UK GBP EUR USD	✓	C+	BANK TRANSFER	+ (22 Votes)	7.80

출처: www.bestbitcoinexchange.io

비트코인 거래소

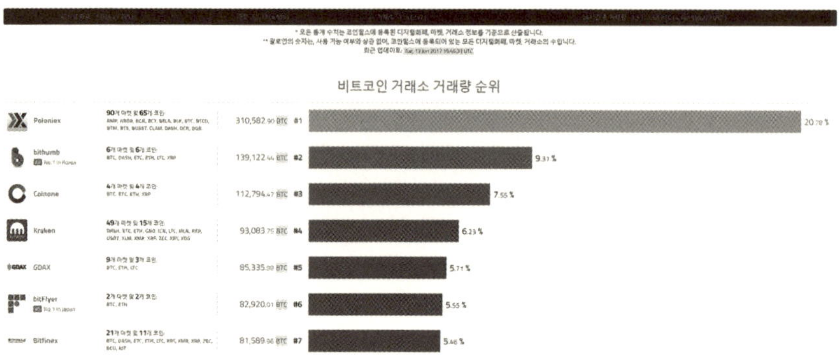

출처: https://www.coinhills.com

2017년 8월 1일부터 중국의 거대한 비트코인 인프라를 기반으로 출범한 비트코인 캐시BCH는 초기 단계에 이를 어떻게 규정할 것인가와 거래의 활성화 여부가 주로 중국을 중심으로 이뤄졌다. 국가별 초기 비트코인 캐시BCH를 지원한 거래소는 다음과 같다.

국가별 초기 비트코인 캐시 지원 거래소

국가	거래소	내용
중국	ViaBTC OKCoin Huoni BTCC Yunbi CHBTC BTC38	• 비트코인을 기술적 솔루션으로 취급. BCH 거래 지원 • 알트코인으로 취급. BCH 거래 지원 • 알트코인으로 취급. BCH 거래 지원 예정 • 알트코인으로 취급. BCH 거래 지원 예정 • 알트코인으로 취급. BCH 거래 지원 미결정 • 알트코인으로 취급. BCH 거래 지원 미결정 • 비트코인 포크로 취급. BCH 거래 지원 미결정
미국	Kraken Bitfinex Bittrex	• BCH 인출 및 거래 지원 • BCH 인출지원 • BCH 인출지원
한국	Korbit Bithumb	• BCH 인출 및 거래 지원 • BCH 인출지원
싱가포르	QuoineEX	• BCH 인출지원

출처: https://steemit.com

국내에서는 2013년 4월 29일 코빗korbit거래소가 개장된 이후 빗썸bitthumb, 코인원coinone 및 야피존Yapizon 거래소 등에서 비트코인이나 알트코인ALT coin의 거래가 이뤄지고 있다. 국내 거래소는 달러 환전은 하지 않고 원화로 직접 거래한다. 부가서비스로 지갑관리, 송금대행 및 상품권 구매 등의 업무를 지원하기도 한다.

최근에는 핀테크FinTech 전문 업체 두나무가 세계 1위 가상화폐 거래소인 미국의 비트렉스Bittrex와 독점 제휴를 체결한 업비트UPbit를 통해 국내에서 110개 이상의 가상화폐를 거래하는 거래소를 2017년 10월에 출범시켜 네트워크뿐만 아니라 모바일 서비스도 제공하고 있다. 업비트UPbit가 거래 업무를 개시함에 따라 비트코인뿐만 아니라 알트코인ALT coin 거래도 활기를 띠게 되었다. 업비트UPbit는 우선 유동성이 확인된 비트코인과 이더리움Ethereum을 중심으로 운용될 것으로 보인다. 기존의 국내 가상화폐 거래소는 10종류 미만의 가상화폐만을 취급하고 있어서 다양한 가상화폐의 거래를 원하는 사용자들은 비트렉스Bittrex나 폴로닉스Poloniex와 같은 해외 거래소를 이용했기 때문에 이제는 복잡한 계좌 관리의 어려움을 해소할 수 있을 것으로 보인다. 특히, 업비트UPbit는 안전거래를 지원하기 위해 보안기술을 강화했으며 지갑보안을 위해 글로벌 거래소에서 채택하고 있는 빗고Bitgo의 이중지갑을 채택할 것이라고 한다.

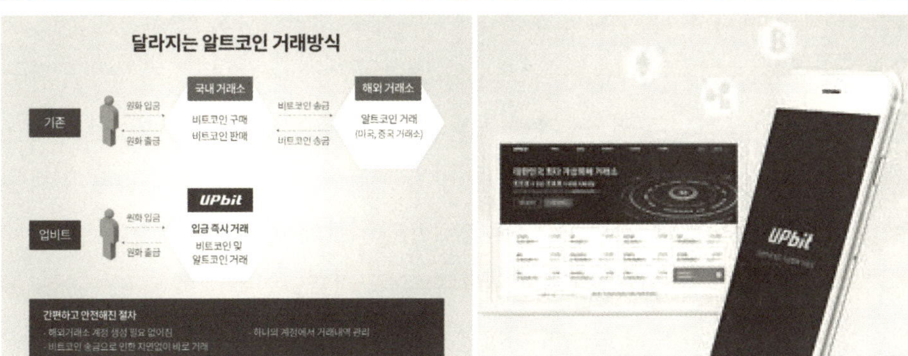

출처: https://www.asiatoday.co.kr

비트코인 거래를 위한 지갑과 주소

채굴과정이나 거래소를 통해 비트코인을 보유하거나, 비트코인으로 일상적인 거래를 하려면 지갑wallet을 만들어야 하는데, 일반적으로 멀티빗Multibit을 설치하거나 지갑서비스인 마이월릿My Wallet 또는 코인베이스Coinbase에 가입하면 된다. 비트코인 지갑은 공개키 암호화 과정이 필요한데, 이는 공개키public key와 개인키private key를 구성하는 것이다. 비트코인 지갑은 비트코인 주소와 이 주소와 연결된 개인키를 생성 관리할 뿐만 아니라 비트코인을 보내거나 받고, 또한 저장하는 프로그램이다. 비트코인 지갑은 은행의 기능을, 주소는 계좌번호와 같은 기능을 담당한다. 지갑을 설치하면 주소는 자동적으로 생성되며 한 개의 지갑으로 여러 개의 주소를 관리할 수도 있다.

비트코인 지갑을 만들기 위해서는 비트코인(https://bitcoin.org/ko/)에 접속한 후 초기화면에서 "비트코인 시작하기"-"지갑 선택하기"를 클릭하여 그 절차를 따르면 된다. 비트코인 지갑의 주소는 시중은행의 예금계정과 같은 역할을 수행하는데, 일반적으로 숫자 1 또는 3으로 시작되며 27~34개의 숫자와 영어 알파벳 대소문자의 조합으로 이뤄진다. 이 주소는 다소 복잡하게 되어 있기 때문에 보통은 QRquick response코드를 생성해서 거래에 활용한다. 보안을 강화하기 위해 지갑의 비트코인 잔고와 주소 등의 정보를 종이에 인쇄해서 보관하기도 한다.

지갑의 종류는 여럿이 있는데, 비트코인 코어(QT)core 지갑은 블록체인을 다운받아야 한다. 비트코인 코어core 파일 자체는 크지 않지만 블록체인의 용량은 대단히 크고 모든 블록을 검증하면서 다운을 받기 때문에 장시간이 소요된다. 이것을 동기화라고 하는데, 이 과정을 마치면 새로 만든 지갑에 잔액이 표시된다. 이 절차가 마무리되면 비트코인 거래를 할 수 있게 된다. 비트코인을 거래할 때 적어도 6번 이상 확인confirm이 되지 않으면 미확인 거래로 남아있게 된다.

비트코인 지갑의 경우 개인용 컴퓨터용으로는 MultiBit, Armory 및 Electrum 등이 있고, 모바일용으로는 Bitcoin Wallet, Hive Android 및 Mycelium Wallet 등이 있다. PC와 모바일 겸용으로는 Blockchain.info, BitGo 및 Green Address 등이 있다. PC용과 모바일용 지갑의 보안책임은 전적으로 사용자 본인에게 있다.

출처: bitcoin.org

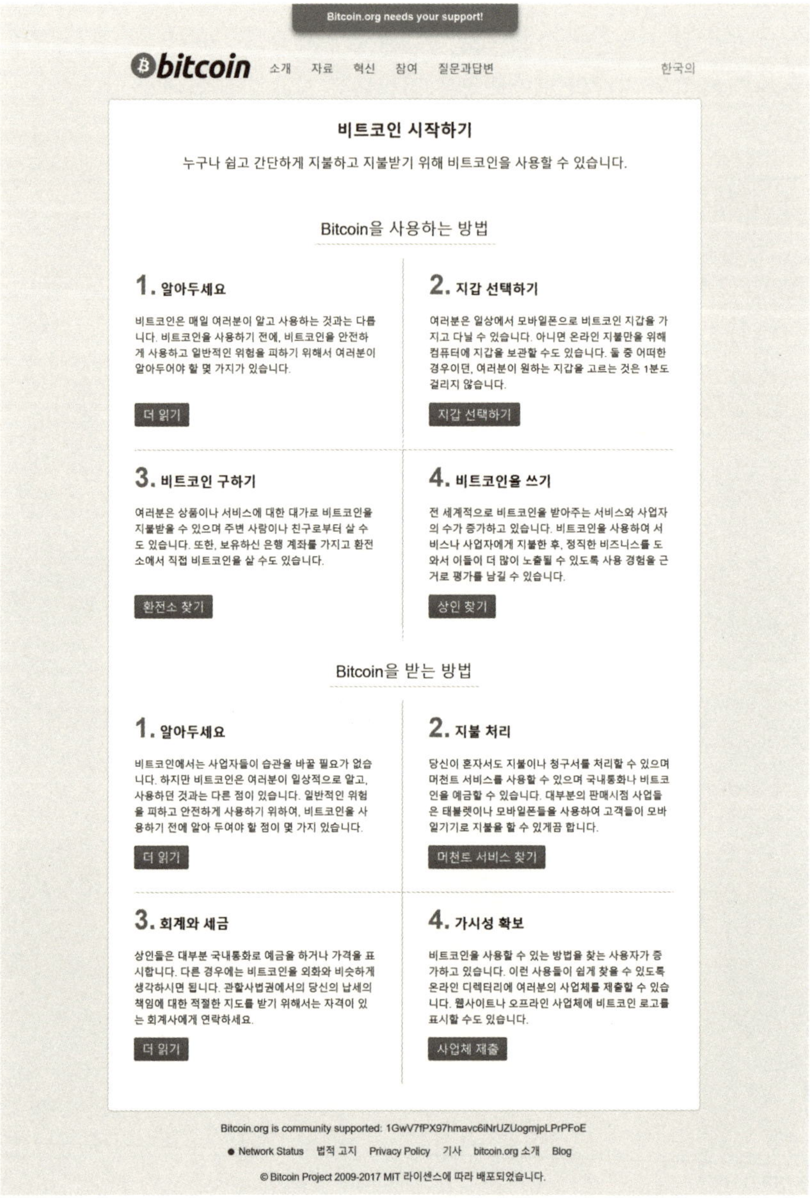

출처: bitcoin.org

출처: bitcoin.org

비트코인 지갑주소(예): 3uEbdjfryfkKTVew5tzghR8aprmLsrwgwk

출처: https://blockchain.info

비트코인 지갑은 여러 개의 주소를 사용할 수 있는데 주소를 생성하기 위해서는 비트어드레스(bitaddress.org)에 접속하면 된다. 초기 화면에서 암호로 표시되어 있는 숫자 부분을 드래그drag 하면 수초 내에 주소를 생성할 수 있다. 비트코인 지갑과 주소는 유사한 구조로 되어 있고 모두 QR코드를 사용할 수 있다.

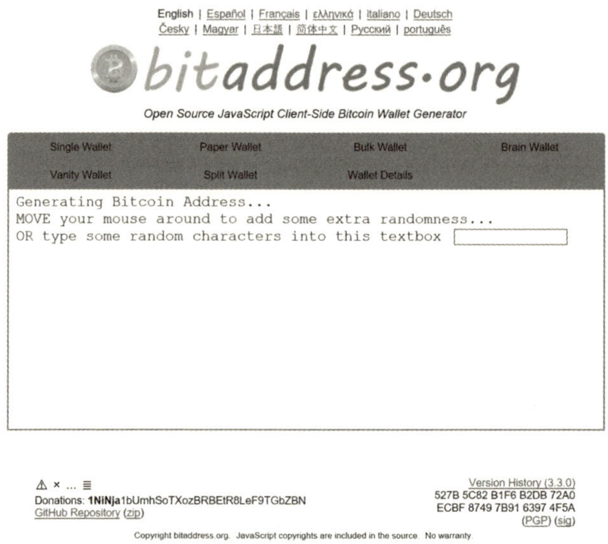
English | Español | Français | ελληνικά | italiano | Deutsch
Česky | Magyar | 日本語 | 简体中文 | Русский | português
bitaddress.org
Open Source JavaScript Client-Side Bitcoin Wallet Generator
Single Wallet
Paper Wallet
Bulk Wallet
Brain Wallet
Vanity Wallet
Split Wallet
Wallet Details
Generating Bitcoin Address...
MOVE your mouse around to add some extra randomness...
OR type some random characters into this textbox
Donations: 1NiNja1bUmhSoTXozBRBEtR8LeF9TGbZBN
GitHub Repository (zip)
Version History (3.3.0)
527B 5C82 B1F6 B2DB 72A0
ECBF 8749 7B91 6397 4F5A
(PGP) (sig)
Copyright bitaddress.org. JavaScript copyrights are included in the source. No warranty.

English | Español | Français | ελληνικά | italiano | Deutsch
Česky | Magyar | 日本語 | 简体中文 | Русский | português
bitaddress.org
Open Source JavaScript Client-Side Bitcoin Wallet Generator
43%
Brain Wallet
Wallet Details
Generating Bitcoin Address...
MOVE your mouse around to add some extra randomness... 43%
OR type some random characters into this textbox
Donations: 1NiNja1bUmhSoTXozBRBEtR8LeF9TGbZBN
GitHub Repository (zip)
Version History (3.3.0)
527B 5C82 B1F6 B2DB 72A0
ECBF 8749 7B91 6397 4F5A
(PGP) (sig)
Copyright bitaddress.org. JavaScript copyrights are included in the source. No warranty.

출처: bitaddress.org

비트코인 리치리스트richlist에 의하면 2017년 10월 2일 현재 지갑별, 주소별 비트코인 보유현황은 다음과 같다. 이 통계에 의하면 비트코인을 가장 많이 보유한 지갑은 120,462 BTC인데 이는 5,179만 8천 달러 또는 583억 7,708만 9천원에 해당한다. 비트코인 보유 집중률은 상위 100개 주소가 16.9%, 지갑은 17.76%다. 상위 1,000개 주소와 지갑이 전체 비트코인의 35% 정도를 차지하고 있다.

비트코인 리치리스트(2017년 10월 2일 현재)

순위	지갑	BTC	USD	KRW
1	3D2oetdNuZUqQHPJmcMDDHYoqkyNVsFk9r	120,462	5,179만 8천	583억 7,708만 9천
2	3Nxwenay9Z8Lc9jBiywExpnEFiLp6Afp8v	94,348	4,056만 9천	457억 2,198만 4천
3	16rCmCmbuWDhpjWTrpQGaU3EPdZF7MTdUk	86,203	3,706만 7천	417억 7,483만 5천
4	1FeexV6bAHb8ybZjqQMjJrcCrHGW9sb6uF	79,957	3,438만 1천	387억 4,796만 1천
5	18rnfoQgGo1HqvVQaAN4QnxjYE7Sez9eca	70,000	3,010만 1천	339억 2,270만 1천

출처: http://bitcoinrichlist.com

비트코인 리치리스트(2017년 10월 2일 현재)

구분	지갑/주소	전체대비 비중 (%)
상위 100개	지갑	17.76%
	주소	16.90%
상위 500개	지갑	29.11%
	주소	28.25%
상위 1,000개	지갑	35.36%
	주소	34.20%

출처: http://bitcoinrichlist.com

비트코인의 사용

비트코인이 관심의 대상이 되며 부상하기 시작한 2013년 5월, 포브스Forbes는 회사 소속 여성기자가 미국 샌프란시스코에서 일주일간 비트코인만을 사용하며 일상생활을 하는 경험을 하게 했다. 이 기획행사 성격의 실험이 성공적으로 마무리되면서, 많은 사람들에게 비트코인을 홍보하는 기회가 됐다.

장기간 비트코인을 일상생활에서 사용한 사례는 미국의 어스틴 크레이그Austin Craig와 베시 크레이그Beccy Craig의 경우다. 어스틴 크레이그Austin Craig는 2011년 비트코인에 대해 알게 되면서 민주적 잠재성에 관심을 갖게 됐다. 그리고 대중문화와 비트코인을 통합하는 과정에 참여하고 싶어 했다. 미국 유타Utah주의 프로보Prove시에 살고 있는 그들은 2013년 7월부터 90일 동안 미국, 유럽 및 아시아의 여러 국가를 여행하면서 비트코인만 사용해 비용을 지불하는 실험을 했다. 이 실험도 많은 관심을 받으면서 성공적으로 마무리됐다. 비트코인을 일상생활에서 사용할 수 있다는 것을 많은 사람들에게 알리는 계기가 됐다.

개인뿐만 아니라 기업들도 비트코인을 상업거래와 지불수단으로 활용하기 시작했다. 미국에서는 애플Apple, 아마존Amazon, 마이크로소프트Microsoft, 델Dell, 페이팔PayPal, 이베이eBay, 서브웨이SUBWAY 및 위키피디아Wikipedia 등의 기업이, 중국에서는 검색 포털 사이트인 바이두BAIDU가 비트코인 결재시스템을 도입했다. 일본에서는 비트코인이 선불카드 수준의 지불수단으로 인정받고 있으며 전기요금 납부도 가능하다.

출처: http://www.imdb.com

출처: http://seobitcoin.com

출처: http://biz.chosun.com

출처: http://www.bitcoinscloudmining.com

비트코인의 지역서비스 업체를 확인할 수 있는 로컬비트코인localbitcoins에 의하면 2017년 10월 현재 전 세계 248 국가, 15,312 도시에서 비트코인이 사용되고 있다. 그리고 코인맵Coinmap에 의하면 2017년 10월 현재 전 세계적으로 9,303개의 업소에서 비트코인으로 일상적인 거래를 하고 있는데, 주로 북미지역, 유럽지역 및 일본 등에 집중돼 있다. 중국은 비트코인 채굴량이 많음에도 불구하고 실제 상거래에서는 거의 사용되지 않는 것으로 보인다. 국내에서는 서울지역의 39곳을 포함해 수도권, 대전지역 및 부산지역을 중심으로 약 70여 곳에서 비트코인으로 상품을 구매하거나 서비스를 제공받을 수 있다. 특히, 편의점 중에서는 GS25와 세븐일레븐7-Eleven에 설치된 효성 노틸러스Nautilus 현금지급기에서 비트코인을 현금화할 수 있는 기능이 있다. 한편, 북한 평양의 영광거리에도 레스토랑과 술집 2곳에서 비트코인을 사용할 수 있는 것으로 조사됐다.

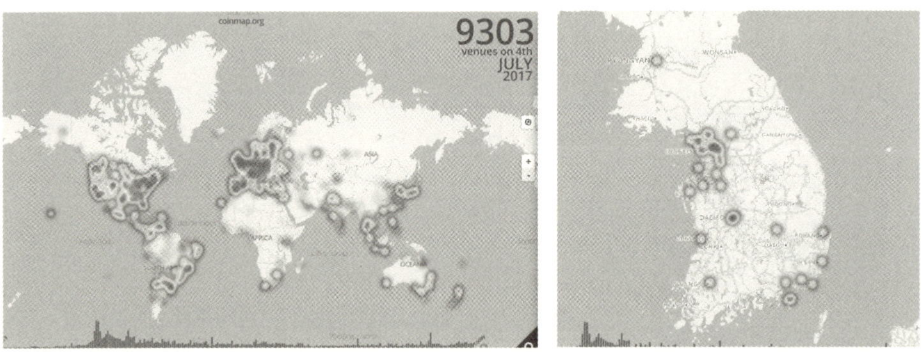

출처: https://steemit.com

알트코인의 등장과 역할

100여 종 또는 수백 종이 넘는 알트코인ALT(alternative) coin은 대부분 비트코인의 공개된 오픈 소스open source를 확장하고, 스스로의 목적에 적합한 형태로 규칙의 집합인 알고리즘algorism을 설정하고 있기 때문에 비트코인을 가상화폐의 기축통화라고 하기도 한다. 즉, 비트코인은 가상화폐의 플랫폼의 역할을 수행한다. 컴퓨터 프로그래머 또는 암호 알고리즘algorism 전문가가 아니면 구체적으로 알트코인ALT coin의 구조를 알기 어렵기 때문에 알트코인ALT coin의 기술적 차별성을 일반인이 파악하는 것은 용이하지 않다.

대부분의 알트코인ALT coin은 프로그래밍 과정에서 비트코인의 분기branch 또는 jump인 소스코드source code로부터 파생된다. 그러나 일부는 블록체인을 모델로만 활용하고 처음부터 프로그래밍을 다시 하거나 소스코드source code를 이용하지 않는 경우도 있다. 그리고 그 기능에 따라 통화의 기능을 가진 알트화폐와 다른 특정한 용도에 특화된 알트코인ALT coin으로 구분하기도 한다.

알트코인ALT coin은 블록체인의 생성에 따른 보상체계를 유지하기도 하지만, 송금 거래의 용이성을 제고하거나 블록체인을 단순히 가상화폐의 운용에만 사용하는 것이 아니라, 그 용도를 각종 금융자산이나 부동산의 관리와 거래에도 활용하고 있다.

다양한 형태의 알트코인ALT coin은 블록체인의 적용 범위를 확대할 수 있을 뿐만 아니라 활용도를 높여 비트코인을 보완하고 가상화폐의 견고한 인프라를 구축하는 데 기여하고 있다. 알트코인ALT coin의 활성화는 가상화폐가 안정성을 확보하고 현실경제에 정착하는 데도 기여할 것이다. 2017년 10월 현재 시장가치를 기준한 상위 20위 알트코인ALT coin의 현황은 다음과 같은데, 이더리움Ethereum, 리플Ripple, 라이트코인Litecoin, 대시Dash 및 넴nem 등이 주로 거래되고 있다.

알트코인 거래 현황

#	Name	Market Cap	Price	Circulating Supply	Volume (24h)	% Change (24h)	Price Graph (7d)
1	Bitcoin	$70,491,237,676	$4248.61	16,591,600 BTC	$1,973,110,000	6.70%	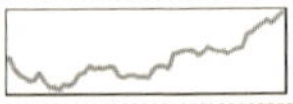
2	Ethereum	$28,981,334,450	$305.53	94,855,937 ETH	$646,740,000	5.02%	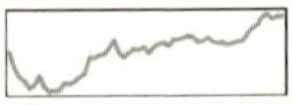
3	Ripple	$7,663,668,646	$0.199867	38,343,841,883 XRP *	$231,438,000	0.69%	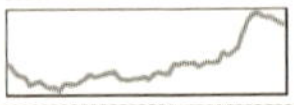
4	Bitcoin Cash	$7,559,627,575	$454.75	16,623,700 BCH	$233,507,000	2.18%	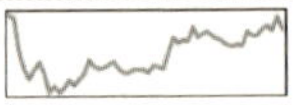
5	Litecoin	$2,983,240,114	$56.15	53,132,482 LTC	$253,793,000	6.26%	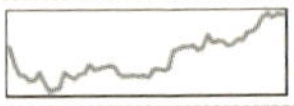
6	Dash	$2,585,902,119	$340.96	7,584,247 DASH	$60,733,100	0.41%	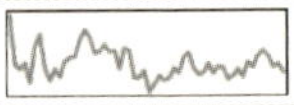
7	NEM	$2,189,052,000	$0.243228	8,999,999,999 XEM *	$4,228,560	4.75%	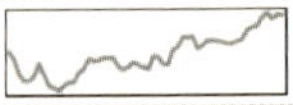
8	Monero	$1,515,706,052	$100.08	15,144,339 XMR	$57,224,200	5.02%	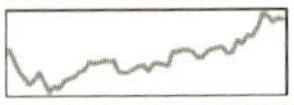
9	IOTA	$1,515,638,950	$0.545286	2,779,530,283 MIOTA *	$12,045,500	3.77%	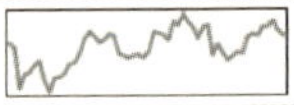
10	NEO	$1,513,585,000	$30.27	50,000,000 NEO *	$156,318,000	1.56%	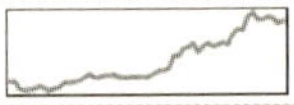
11	Ethereum Classic	$1,256,896,189	$13.10	95,942,612 ETC	$191,691,000	12.45%	
12	OmiseGO	$1,089,857,604	$11.09	98,312,024 OMG *	$70,572,500	10.78%	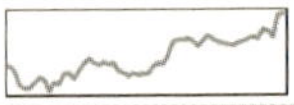
13	BitConnect	$880,969,766	$129.07	6,825,625 BCC	$12,398,600	7.28%	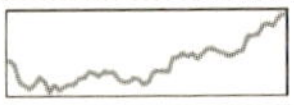
14	Zcash	$711,649,134	$312.04	2,280,656 ZEC	$239,566,000	14.26%	
15	Lisk	$692,727,041	$6.14	112,826,220 LSK *	$12,238,300	0.39%	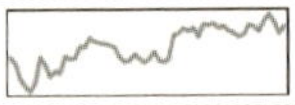
16	Qtum	$578,275,520	$9.80	59,000,000 QTUM *	$71,276,000	3.37%	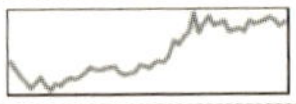
17	Waves	$491,835,000	$4.92	100,000,000 WAVES *	$9,999,540	-3.00%	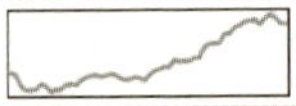
18	Stratis	$488,351,039	$4.95	98,560,604 STRAT *	$8,906,770	9.72%	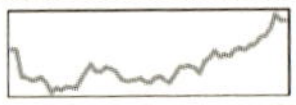
19	Tether	$426,259,223	$0.998121	427,061,672 USDT *	$252,302,000	-0.10%	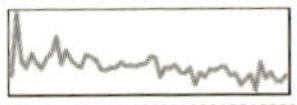
20	Steem	$306,519,691	$1.26	242,576,521 STEEM	$3,091,590	12.47%	

출처: https://coinmarketcap.com

가상화폐별 시장점유율

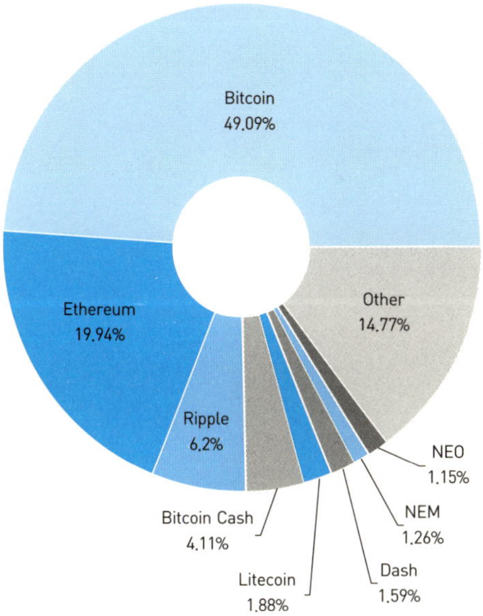

출처: https://coin.dance

가상화폐별 시장점유율(2016.2~2017.10)

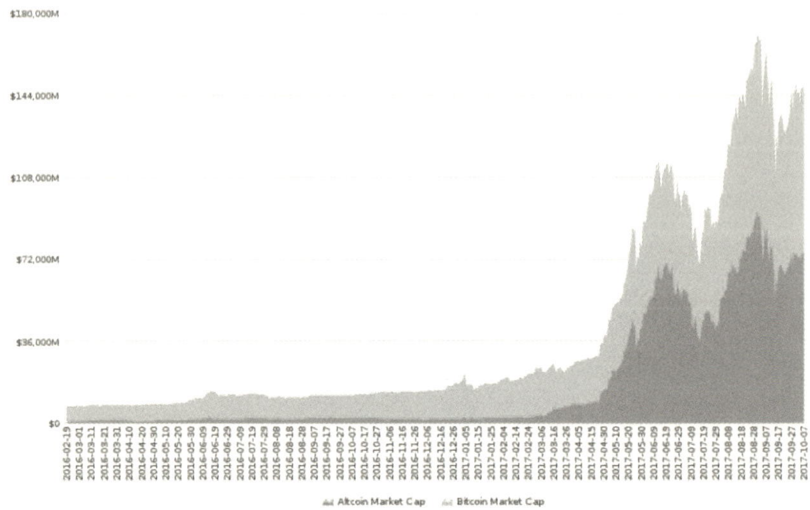

출처: https://coin.dance

주요 알트코인 종류

출처: https://appspicket.com

시장가치를 기준으로 이더리움Ethereum, 리플Ripple, 라이트코인Litecoin, 대시Dash 및 넴nem 등 상위 5개 알트코인ALT coin의 개요는 다음과 같다.

이더리움Ethereum

항목	개요
개발자	Vitalik Buterin
화폐명칭	ETH
중앙은행	없음
최초 발행일	2015년 7월 30일
발행 종료일	매년 1천8백만 ETH를 발행하며 총발행액에 이를 때까지
사용국가	전 세계
총발행액	매 15~17초마다 5블록 생성(94,000,000)
화폐단위	mETH(milli coin, 10^{-3} ETH) μETH(micro coin, 10^{-6} ETH) Szabo(10^{-7} ETH) Wei(10^{-18} ETH)
ISO에 의한 표기 방식	USD/ETH
통화기호에 의한 표기 방식	
로고	ETHEREUM

출처: Bitcoin Wiki 및 위키백과

리플ripple

항목	개요
개발자	Arthur Britto, David Schwartz, Ryan Fugger
화폐명칭	XRP
중앙은행	없음
최초 발행일	2014년
발행 종료일	총발행액에 이를 때까지
사용국가	전 세계
총발행액	1,000억
화폐단위	mXRP(milli coin, 10^{-3} XRP) μXRP(drop, 10^{-6} XRP)
ISO에 의한 표기 방식	USD/XRP
통화기호에 의한 표기 방식	
로고	

출처: Bitcoin Wiki 및 위키백과

라이트코인Litecoin

항목	개요
개발자	Charlie Lee
화폐명칭	LTC
중앙은행	없음
최초 발행일	2011년 10월 7일
발행 종료일	기하급수적 체계를 바탕으로 매 4년마다 반감기를 거치며 총발행액에 이를 때까지
사용국가	전 세계
총발행액	8,400,000
화폐단위	mLTC(milli coin, 10^{-3} LTC) μLTC(micro coin, 10^{-6} LTC) μLTC(Litoshi, 10^{-8} LTC)
ISO에 의한 표기 방식	USD/LTC
통화기호에 의한 표기 방식	
로고	

출처: Bitcoin Wiki 및 위키백과

대시Dash

항목	개요
개발자	Evan Duffield
화폐명칭	XCO
중앙은행	없음
최초 발행일	2014년 1월 18일
발행 종료일	총발행액에 이를 때까지
사용국가	전 세계
총발행액	22,500,000
화폐단위	mXCO(milli coin, 10^{-3} XCO) μXCO(micro coin, 10^{-6} XCO)
ISO에 의한 표기 방식	USD/XCO
통화기호에 의한 표기 방식	
로고	DASH

출처: Bitcoin Wiki 및 위키백과

넴nem

항목	개요
개발자	UtopianFuture(비트코인포럼 참가자)
화폐명칭	XEM
중앙은행	없음
최초 발행일	2015년 3월 31일
발행 종료일	매 1분마다 블록이 생성되며 총발행액에 이를 때까지
사용국가	전 세계
총발행액	8,999,999,999
화폐단위	mXTM(milli coin, 10^{-3} XTM) μXTM(micro coin, 10^{-6} XTM)
ISO에 의한 표기 방식	USD/XTM
통화기호에 의한 표기 방식	
로고	nem

출처: Bitcoin Wiki 및 위키백과

이더리움Ethereum은 2013년 캐나다의 비탈릭 부테린Vitalik Buterin에 의해 개발이 시작됐다. 비트코인의 블록체인 체계를 그대로 사용치 않고 독자적인 기능을 확장하는 데 중점을 뒀다. 블록체인을 생성하는 과정에서 어떤 알고리즘algorithm과 프로그래밍 언어라도 사용할 수 있는 "완전한 언어"를 표방하고 있다. 사용자 친화적 프로그래밍 인터페이스API: application programming interface를 적용해 가상화폐의 안드로이드Android를 지향하고 있다. 이로 인해 응용프로그램을 개발할 수 있는 클라우딩 컴퓨팅 플랫폼clouding computing platform의 기능이 뛰어나 이메일이나 소셜네트워크SNS와 같은 인터넷 본래의 기능과 접속할 수 있을 뿐만 아니라 사물인터넷IoT 등도 연결할 수 있을 것으로 기대된다. 이더리움Ethereum 기반의 응용프로그램이 늘어나면서 이더리움Ethereum 가격상승의 한 요인이 되고 있다.

이더리움Ethereum의 가장 큰 특징 중의 하나는 P2Ppeer-to-peer 네트워크의 블록체인에 다양한 정보를 기록할 수 있는 것인데, 이를 활용한 것이 스마트 컨트랙트smart contract이다. 스마트 컨트랙트는 채굴과정을 통해 거래내용을 기록하고 네트워크를 형성하는 대가로 보상과 수수료를 받는다. 기록된 거래내용은 네트워크에 저장할 수 있을 뿐만 아니라 실행가능하고 반영구적으로 보관도 가능하다. 거래의 복잡한 중간과정을 생략하고, 수수료도 저렴하며, 그 과정을 네트워크에서 누구라도 확인할 수 있는 투명성 때문에 변조도 불가능하다.

이더리움Ethereum의 블록체인은 오픈 에셋 프로토콜open asset protocol을 기반으로 컬러코인colored coin과 같이 다양한 형태의 금융자산 거래를 위한 플랫폼으로 활용할 수도 있다. 즉, 가상화폐 외에도 법정화폐, 금, 주식, 지적재산 및 부동산등기 등을 디지털 자산정보로 활용 가능하다. 컬러코인은 블록체인을 통해 다양한 형태의 실물자산을 디지털 형태로 전환한 것이다. 네트워크에서 다수의 참여자가 블록체인에 의한 트랜젝션transaction을 자산으로 인정한다면 그 자산의 소유와 거래에 대한 권리를 인정하는 것이 된다. 그러나 현재로서는 법적인 지위를 확보하는 과제가 있기는 하다. 이더리움Ethereum은 거래정보가 축적되면서 규모가 방대해지는 블록체인의 문제를 해결하기 위해 모든 거래내역을 저장하는 풀 노드 클라이언트full node client 방식보다 거래내역을 확인한 횟수를 거래증명으로 활용하는 SPV 클라이언트simple payment verification client 방식을 채택한 것으로 보인다. 이런 이더리움Ethereum의 블록체인 생성 방식은 비금융 분야에도 적용이 가능할 것이다. 또한, 이더리움Ethereum은 단순한 결제시스템을 위한 플랫폼이 아니고 가상화폐로서 기능하기 때문에 비트코인이나 법정화폐와 교환도 가능하다. 이더리움Ethereum은 거래정보가 기록되지 않는 비트코인의 블록체인과는 달리 특정 데이터를 블록상에 기록할 수 있는 편리성이 있지만, 이것이 오히려 외부공격에 의한 하드포크hard fork의 원인이 될 수도 있기 때문에 이를 보완한 이더리움 클래식Ethereum Classic을 개발하기도 했다.

리플Ripple은 2004년 캐나다 웹 개발자인 라이언 푸거Ryan Fugger에 의해 공개됐다. 구글Google이 출자한 알트코인ALT coin으로 Ripple Labs, Inc를 통해 기업형태로 운영되며, 통화단위는 XRP다. 비트코인 기술인 분산형 원장기술을 기반으로 리플Ripple 트랜잭션 프로토콜RTXP을 개발했다. 이를 활용해 송금시스템에 특화된 알트코인ALT coin이기 때문에 송금결제를 수초 내에 처리할 수 있다. 비트코인의 취약점인 확장성을 보완하고 이중지급을 탐지하기 위해 독자적으로 개발한 콘센서스 시스템을 활용한다. 1천억 XRP가 리플 프로토콜Ripple Protocol에 의해 프로그램화되어 있으며 그 이상의 화폐발행은 할 수 없다. 리플Ripple 시스템에서는 자산과 부채의 차이가 수학을 기반으로 한 통화로 변환되는 화폐발행 시스템이다.

네트워크에서는 XRP로만 가치를 교환하기 때문에 XRP는 리플Ripple 내에서 유일한 자산이 되는 통화다. 2개의 상이한 통화를 브리지bridge로 연결이 가능하며, 네트워크 내에서 환전은 XRP를 매개로 자유롭게 이뤄진다. 구조가 다른 통신 네트워크를 연결하는 장치인 게이트웨이gateway를 이용해 고객으로부터 통화예금을 받고, 그 대신 리플Ripple 네트워크 내에서 잔액을 발행하기 때문에 전통적인 은행과 유사한 측면도 있다. 다른 모든 통화는 잔액으로만 존재하고, 이는 게이트웨이gateway의 부채를 의미한다. 리플Ripple을 이용해 송금결제를 할 때 별도의 은행계좌는 필요 없으며, 송금 수수료도 없다. 송금거래를 할 때 제3자와의 거래에서 위험을 회피할 수 있고, 송금거래에 따른 리스크가 없다. 따라서 알트통화라기보다는 분산형 환전소에 의한 즉각적인 크로스 결제의 기능이 강하다. 신용에 의한 부채IOU 거래를 할 수 있는 것도 장점이다. 리플Ripple 시스템에서 사용하는 XRP는 비트코인이나 법정화폐로 교환할 수 있는 브리지bridge 통화로 사용되기 때문에 달러, 유로, 위안, 엔, 파운드 및 비트코인 등 다양한 환율을 결정할 수 있다.

라이트코인Litecoin은 비트코인 다음으로 개발된 가상화폐다. 구글Google의 엔지니어 찰리 리Charlie Lee가 비트코인의 송금속도 문제를 해결하기 위해 2011년 10월 7일 공개했으며, 통화단위는 LTC다. 즉, 비트코인에서 파생됐으며, P2Ppeer-to-peer 형태의 결제망에 특화된 알트코인ALT coin이다. 완전분산형 오픈소스open source의 국제결제 네트워크에 특화된 알트코인ALT coin이며, 무료에 가까운 수수료를 적용하고 전 세계의 누구와도 즉시 결제할 수 있다.

비트코인에 비해 채굴시간이 짧고 블록체인의 스토리지storage 효율성이 뛰어난 것이 특징이다. 비트코인에 이어 높은 시가총액을 기록하고 있으며, 비트코인을 금에, 라이트코인을 은에 비유하기도 한다. 비트코인의 프로그램 코드와 기본적으로 동일한 시스템이며, 채굴시 계산 알고리즘algorithm은 해시hash SHA-256이 아니라, 계산과정이 복잡하고 메모리가 더 필요한 에스크립토Scrypt 해시함수를 바탕으로 한다. 거래 인증시간이 약 2.5분으로 비트코인의 10분에 비해 결제속도가 4배 빠르기 때문에 신속한 거래가 가능하다. 에스크립토Scrypt 전용의 ASIC 채굴기가 개발되었지만 비트코인처럼 채굴로 이익을 창출하기에는 어려움이 있다. 시스템이 빠르기 때문에 보안이 취약할 수 있고 블록체인의 크기도 더 커야 한다. 라이트코인Litecoin의 총발행 한도는 비트코인의 4배인 8,400만 LTC다. 사용자 75%의 동의를 얻으면 세그위트Segwit의 도입이 가능해 블록 크기를 압축함으로써 블록 내의 허용량을 용이하게 증가시킬 수 있다. 일반 컴퓨터로 채굴이 가능하고 시장에 유입량이 많아 활발한 거래가 기대된다. 비트코인과 같은 작업증명POW 방식에 의한 알트코인ALT coin이며 채굴 반감기가 매 4년마다 발생한다. 2017년 10월 현재는 2.5분에 50 LTC의 발행이 가능한 수준이다.

대시Dash는 2014년 1월 18일 X코인XCO으로 출발했는데, 다크코인Darkcoin이라는 명칭을 거쳐 대시Dash 알트코인ALT coin으로 자리 잡게 됐다. 대시Dash는 오픈소스open source의 P2Ppeer-to-peer 플랫폼을 기반으로 하고 블록의 확장성을 높인 알트코인ALT coin이다. 분산화된 통제체계나 자금지원 체계는 DAOdecentralized autonomous organization를 활용하는데 이것이 네트워크의 가치를 창출한다. 증명된 분산형 거버넌스governance, 즉 마스터노드master nodes를 활용해 송금체계를 구축했다. 대시Dash는 마스터노드가 핵심역할을 수행하는데, 보상은 채굴자와 마스터노드가 분배한다. 즉, 각각 45%씩 분배받고 나머지 10%는 운영비로 사용한다. 비트코인은 채굴자라는 단일 노드에 의해 운영되는 네트워크지만 대시Dash는 두 개의 네트워크를 결합한다. 즉, 첫 번째는 채굴자가 하지만 두 번째는 마스터노드가 개입해 송금한다. 대시Dash의 가장 큰 특징은 자체적으로 통제되고 자금이 조달되는 방식을 적용해 즉시송금InstantSend과 개인송금PrivateSend을 운용하고 있어서 개인거래나 사업적 거래에 활용이 가능하다. 즉시송금은 마스터노드에 의해 합의되고 승인되며, 승인되지 않으면 거래가 중지된다. 개인송금은 단일 노드가 아니라 마스터노드를 활용한 코인믹싱coin-mixing에 의하며 개인송금의 상한은 1천 대시Dash이다. 대시Dash는 출범 후 단기간에 총발행량의 10% 정도인 1백9십만 개가 채굴됐다.

넴nem은 신경제 운동New Economy Movement을 지향한다는 취지로 2015년 3월 31일 공개된 알트코인ALT coin이다. 통화단위는 XEM이며, 총발행량은 8,999,999,999 XEM이다. 일본의 가상화폐 거래소인 자이프Zaif가 운영하고 있는데, 중요성의 증명POI: proof of importance 알고리즘algorithm의 블록체인 플랫폼을 바탕으로 구축됐다. P2Ppeer-to-peer 암호화를 사용하여 고도로 분산시스템을 활용하여 대단위 채굴시스템을 구축한 노드에 보상이 집중되지 않도록 설계됐다. 즉, 계정에 POIproof of importance 스코어를 반영하기 때문에 보유하고 있는 XEM 잔액도 중요하지만 POIproof of importance 스코어가 높을수록 보상도 커지는 시스템이다. XEM 잔고와 거래횟수 등을 종합하여 POIproof of importance 스코어를 산정하기 때문에 넴nem 네트워크에 적극적으로 참여하는 것이 유리하다. 비트코인은 고성능의 컴퓨터 환경이 필요하지만 넴nem은 네트워크에 대한 충성도가 중요하다. 비트코인과 같은 채굴 개념은 없으며 거래할 때의 수수료를 보수로 지불한다. 경제적 자유, 권력의 분산, 각 커뮤니티의 연계 및 높은 안전성 등을 목표로 한다.

주요 알트코인의 특징 요약

명칭	개요
이더리움 (Ethereum)	• 블록체인의 생성에 다양한 알고리즘을 사용할 수 있도록 "완전한 언어" 체계를 지향 • 블록체인을 비트코인 외에 금, 주식 및 기존통화 등 다양한 금융자산을 이전할 수 있는 플랫폼으로 활용 • 컬러코인으로 다양한 디지털 자산정보의 거래 규칙을 표준화한 자동계약정보인 스마트 컨트랙트 • 컴퓨터로 활용 가능한 모든 영역과 연계 • 사물인터넷과 연결 • 블록체인상에 특정 데이터를 기록 가능 • 취약할 수 있는 데이터 기록 기능을 보완한 이더리움 클래식 개발
리플 (Ripple)	• 프로토콜의 규칙에 의해 1,000억 XRP 발행이 상한선 • 자산과 부채의 차이를 수학적 기반으로 변환해 통화로 발행 • 알트화폐가 중점이 아니라 분산형 환전소에 의한 즉각적인 크로스결제 기능 강화 • 수초 내에 송금을 완료하는 송금시스템 • XRP는 리플 내에서 유일한 자산의 통화이며 XRP로만 가치를 교환 • 비트코인이나 법정통화를 교환할 수 있는 브리지 통화 • 2개 통화를 브리지로 연결 가능 • 부채IOU를 이용한 거래 가능 • 전통적인 은행과 유사한 측면이 있음
라이트코인 (Litecoin)	• 총발행한도가 비트코인의 4배인 8천4백만 LTC • 채굴시간이 짧고 블록당 저장 효율성이 뛰어남 • 채굴시 알고리즘을 SHA-256 대신 에스크립토(Scrypt) 해시함수 사용 • 비트코인 다음으로 개발됐고 높은 시가총액을 기록 • 오픈소스 완전분산형 P2P 형태의 결제망에 특화된 국제결제 네트워크 • 무료 수준의 수수료로 전 세계 누구와노 즉시 결세 • 거래 인증시간이 약 2.5분으로 비트코인의 10분에 비해 4배 빠름
대시 (Dash)	• 오픈소스의 P2P 플랫폼에서 확장성을 높임 • 비트코인의 채굴은 단일 노드지만 대시(Dash)는 두 개의 네트워크를 결합 • 마스터노드가 핵심역할을 수행하고 네트워크의 가치를 창출 • 보상은 채굴자와 마스터노드가 각각 45%씩 분배 • 즉시송금(InstantSend)과 개인송금(PrivateSend)을 운용
넴 (nem)	• 고도로 분산된 POI 알고리즘으로 블록 형성 • 대규모 채굴 시스템에 보상이 집중되지 않도록 설계 • XEM 보유 잔액뿐만 아니라 POI 스코어가 클수록 보상이 큼 • POI 스코어를 높이려면 네트워크에 적극 참여하는 것이 유리 • 비트코인과 같은 채굴 개념이 없으며 거래 수수료를 보수로 지불

출처: http://kr.minecoin.com

가상화폐의 발전 방향

컴퓨터 네트워크에 참여하는 노드들의 합의체계로 승인과 보안을 구축하는 것이 오프라인에서는 불가능하지만, 인터넷망의 구축은 이런 환경을 성공적으로 조성했다. 비트코인은 새롭게 조성된 환경을 적절히 활용해 창조적인 체계를 구축한 것이다.

향후 가상화폐가 실물경제와 연계해서 형성할 가능성이 있는 운영형태는 폐쇄형, 단방향 및 쌍방향 체계가 될 것이다. 폐쇄형 체계는 가상화폐가 실물 및 화폐부문과 무관하게 네트워크에서만 그 기능을 수행하는 것이다. 단방향 체계는 실물 및 화폐부문이 가상화폐를 지원하기는 하지만 그 반대 경로는 성립하지 않는 경우다. 그리고 쌍방향 체계는 가상화폐가 실물 및 화폐부문과 유기적으로 연계해서 상호 간에 선순환 과정을 창출하는 것으로 오늘날 가상화폐가 지향하는 발전방향이다.

가상화폐의 발전 방향

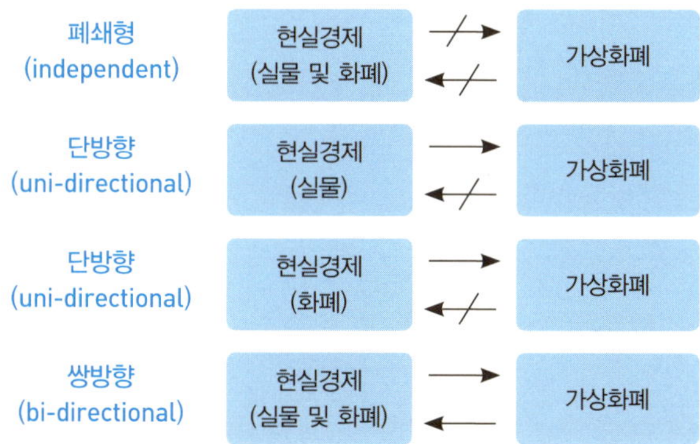

출처: 최승주·김종배(2017) (재구성)

4

Chapter 4

가상화폐 거래와 가치평가

04

비트코인 거래 동향

2009년 가상화폐의 기축통화key currency인 비트코인이 출현하고, 비트코인을 기반으로 추가 기능을 보완하거나 또는 활용 범위를 확장한 알트코인ALT coin이 등장하면서 가상화폐의 채굴mining 및 거래시장은 급속하게 성장하고 있다. 특히, 비트코인의 경우 채굴 난이도가 빠르게 증가하면서 채굴보다는 거래가 활성화되고 있는 양상이다.

코인마켓캡CoinMarketCap에 의하면 2017년 8월 현재 가상화폐 시장 규모는 1,250억 달러(143조원)로 올해 초의 177억 달러에 비해 그 규모가 7배 증가했다. 향후 주식시장에서 거래 목적으로 조성되는 간접투자 상품인 상장지수펀드ETF: exchange traded fund로 비트코인이 상장돼 월스트리트Wall Street에서 거래가 이뤄지면 비트코인뿐만 아니라 가상화폐 시장의 저변 확대가 급속하게 이뤄질 것으로 예상된다. 왜냐하면 상장지수펀드ETF의 상장은 직접투자에 따른 위험을 회피할 수 있을 뿐만 아니라 합법적인 투자로 인정받을 수 있기 때문이다.

블록체인 인포Blockchain.info가 발표한 내용을 중심으로 2017년 10월 2일 현재 비트코인의 거래와 관련된 통화현황, 통화통계, 블록세부정보, 마이닝mining정보 및 네트워크 활동 등을 살펴보면 다음과 같다. 우선 통화현황 및 통화통계의 경우 당일 비트코인의 시장가격은 4,420.21달러를 기록하고 있다. 하루 동안 거래량은 1억8,827만4,694달러인데, 이는 42,593.99 BTC에 해당한다. 그리고 당일 채굴된 블록 수는 132개, 즉 1,650 BTC다. 블록 간의 시간 간격은 10.23으로 채굴 프로그램에서 예상하고 있는 10분을 약간 상회하고 있다. 당일 트랜잭션transaction의 수는 213,661이고, 이에 따른 총 거래 수수료는 132.94 BTC다. 그리고 총채굴 수익은 7,880,982.91달러이고, 트랜잭션당 비용은 36.89달러다. 거래 수수료 수익 비율은 7.46%인데, 이 금액이 거래량에서 차지하는 비율은 1.36%다. 채굴 난이도는 1,123,863,285,132로 이 난이도는 지금까지 비트코인의 획득을 위한 블록 생성 과정에서 가장 용이했던 경우에 비해 증가된 정도를 의미한다.

블록세부정보를 살펴보면 블록체인의 크기가 지속적으로 증가하면서 1 MB당 평균 블록 크기의 변동 폭도 심한 것으로 나타나고 있다. 채굴은 됐지만 기존의 블록체인에 연결되지 못한 고아블록의 수도 다수 있으며, 블록당 거래 건수도 등락을 거듭하고 있다. 마이닝 정보를 살펴보면 해시율이 지속적으로 증가하면서, 해시율

거래 현황 요약

BLOCK SUMMARY

채굴된 블록 수	132
블록간의 시간 간격	10.23 의사록
채굴된 블록 수	1,650.00000000 BTC

시장 개요

시장 가격	$4,420.21
거래량	$188,274,694.07
거래량	42,593.99000000 BTC

TRANSACTION SUMMARY

총 거래 수수료 (BTC)	132.94040933 BTC
트랜잭션의 수	213,661
총 출력량 (BTC)	1,656,946.92820452 BTC
예상된 거래량 (BTC)	131,193.03459504 BTC
예상된 거래량 (USD)	$579,901,638.06

채굴 비용

총 채굴 수익 (USD)	$7,880,982.91
거래 수수료에서 버는 비율 (%)	7.46%
거래량에서 차지하는 비율(%)	1.36%
트랜잭션 당 비용 (USD)	$36.89

해시율 및 전력 소비량

난이도	1,123,863,285,132
해시율	7,374,516,195 GH/s

출처: https://blockchain.info

가격 및 평균 블록 통계

시장 가격(USD)	평균 블록 크기	Transsactions per Day	Mempool 크기
$4,420.21	0.92	216,014	13,003,739
주요 비트코인 거래소의 평균 USD 시장 가격	MB에서 24시간 평균 블록 크기	지난 24시간에 확인 비트코인 거래의 총 수	대기 트랜책션의 총 크기

출처: https://blockchain.info

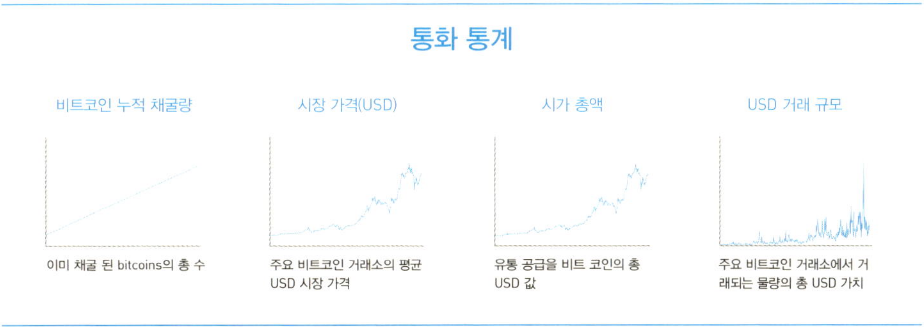

출처: https://blockchain.info

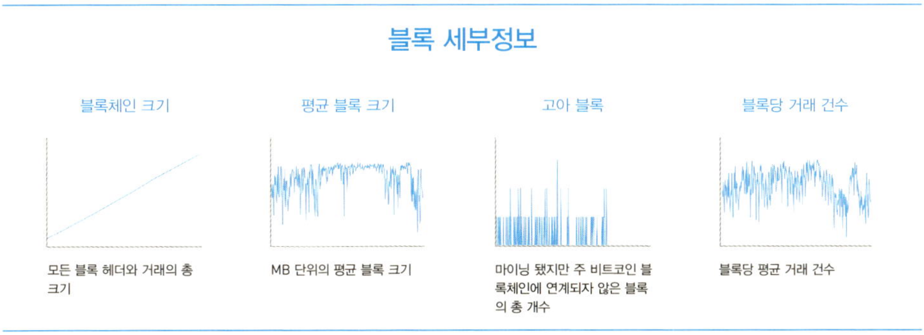

출처: https://blockchain.info

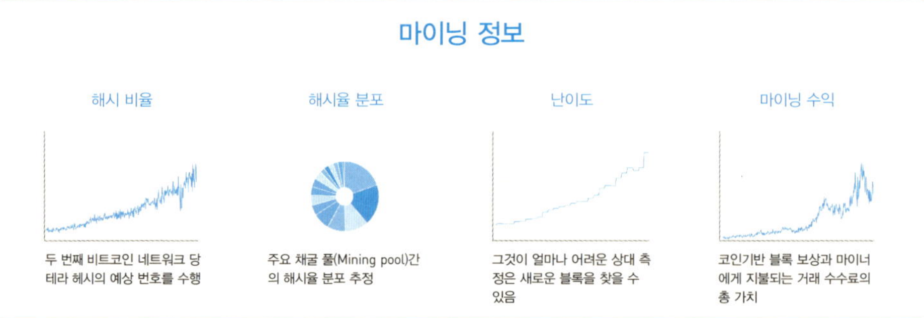

출처: https://blockchain.info

출처: https://blockchain.info

분포는 집중화되는 경향을 나타내고 있다. 그리고 채굴 난이도가 증가하면서 채굴 수익도 함께 증가하는 추세다. 네트워크 활동을 살펴보면 거래량은 지속적으로 증가하면서, 비트코인 블록체인에 사용된 고유 주소와 거래수의 변동 폭도 크며 등락을 거듭하고 있다.

코인힐스coinhills에 의하면 2017년 10월 2일 현재 비트코인의 총거래량 중에서 국가 통화별 거래량을 살펴보면 일본엔화(JPY) 거래가 145,937.69 BTC(52.00%), 달러(USD) 거래가 58,391.67 BTC(20.80%), 한국 원화(KRW) 거래가 24,915.80 BTC(8.88%), 중국 위안화(CNY) 거래가 21,260.49 BTC(7.58%) 및 유로(EURO) 거래가 15,686.85 BTC(5.59%)다.

국가 통화별 비트코인 거래량(2017년 10월 2일 현재)

순위	국가	BTC	비율(%)
1	일본(JPY)	145,937.69	52.00
2	미국(USD)	58,391.67	20.80
3	한국(KRW)	24,915.80	8.88
4	중국(CNY)	21,260.49	7.58
5	유럽(EUR)	15,686.85	5.59
6	호주(AUD)	2,728.87	0.97
7	홍콩(HKD)	1,912.36	0.68
8	러시아(RUB)	1,893.93	0.67
9	베트남(VND)	1,224.56	0.44
10	인도네시아(IDR)	1,201.71	0.43

출처: www.coinhills.com

세계 가상화폐 거래 동향

코인마켓캡CoinMarketCap에 의하면 2017년 10월 2일 현재 5,667개 거래소에서 취급하는 가상화폐의 종류는 1,146개다. 이 중에서 비트코인 거래가 전체의 49.36%를 차지하고 있다. 시가총액은 1,485억6,706만 달러인데 원화의 대미환율을 1,127원으로 적용하면 167조4,350억원이다. 이 중에서 거래 규모가 큰 가상화폐는 비트코인, 이더리움Ethereum, 리플Ripple, 비트코인 캐시BCH, 라이트코인Litecoin, 대시Dash 및 넴nem 등이다.

코인마켓캡CoinMarketCap에 의하면 2017년 10월 2일 현재 가상화폐의 시장가격은 비트코인이 4417.59, 이더리움Ethereum이 300.57, 리플Ripple이 0.2035, 비트코인 캐시BCH가 421.69, 라이트코인Litecoin이 54.66, 대시Dash가 318.34, 넴nem이 0.2436 달러 등이다. 리플Ripple과 넴nem은 화폐 공급량이 많아서 낮은 시장가격을 형성하고 있지만 시가총액은 높은 수준을 유지하고 있다. 당일 시가총액을 기준한

시가총액 5대 가상화폐(2017년 10월 2일 현재)

순위	가상화폐	시가총액(USD)	시가총액(원)	발행된 화폐량
1	비트코인	733억 2,553만 1,066	82조 6,379억	1,659만 8,537
2	이더리움	285억 2,796만 5,661	32조 1,511억	9,491만 2,253
3	리플	78억 339만 3,605	8조 7,9422억	383억 4,384만 1,883
4	비트코인 캐시	70억 1,915만 8,500	7조 9,106억	1,664만 5,463
5	라이트코인	29억 735만 8,000	3조 2,766억	5,319만 1,032
6	대시	24억 1,670만 8,721	2조 7,236억	759만 1,692
7	넴	21억 9,208만 5,000	2조 4,705억	89억 9,999만 9,999

출처: https://coinmarketcap.com

시장점유율은 비트코인(49.36%), 이더리움Ethereum(19.20%), 리플Ripple(5.25%), 비트코인 캐시BCH(4.72%), 라이트코인Litecoin(1.96%), 대시Dash(1.63%) 및 넴(1.48%) 등이다. 그리고 당일 상위 7개 가상화폐의 시장가격 변동 폭은 비트코인(2.65%), 리플Ripple(3.16%) 및 넴nem(4.72%) 등은 높은 편이고, 이더리움Ethereum(0.87%)과 라이트코인Litecoin(0.78%)은 보합세이며, 비트코인 캐시BCH(−1.54%)와 대시Dash(−1.93%)는 하락세를 유지했다. 당일 시가총액을 기준한 상위 20개 가상화폐의 현황은 다음과 같다.

가상화폐 거래 동향(2017년 10월 2일 현재)

All ▾ Coins ▾ Tokens ▾ USD ▾ ← Back to Top 100

#	Name	Symbol	Market Cap	Price	Circulating Supply	Volume (24h)	% 1h	% 24h	% 7d
1	Bitcoin	BTC	$73,325,531,066	$4417.59	16,598,537	$1,263,870,000	0.26%	2.65%	17.81%
2	Ethereum	ETH	$28,527,965,661	$300.57	94,912,253	$310,092,000	0.07%	0.87%	4.87%
3	Ripple	XRP	$7,803,393,605	$0.203511	38,343,841,883 *	$67,541,500	0.13%	3.16%	14.92%
4	Bitcoin Cash	BCH	$7,019,158,500	$421.69	16,645,463	$167,139,000	0.81%	-1.54%	-0.81%
5	Litecoin	LTC	$2,907,358,000	$54.66	53,191,032	$93,732,100	0.22%	0.78%	13.24%
6	Dash	DASH	$2,416,708,721	$318.34	7,591,692	$27,568,700	0.05%	-1.93%	-5.54%
7	NEM	XEM	$2,192,085,000	$0.243565	8,999,999,999 *	$4,340,730	1.49%	4.72%	10.86%
8	NEO	NEO	$1,796,290,000	$35.93	50,000,000 *	$70,458,000	0.78%	10.81%	75.02%
9	IOTA	MIOTA	$1,695,282,772	$0.609917	2,779,530,283 *	$9,237,140	0.60%	-1.18%	13.17%
10	Monero	XMR	$1,391,130,633	$91.76	15,161,245	$27,627,800	-0.06%	-2.46%	1.39%
11	Ethereum Classic	ETC	$1,228,376,301	$12.79	96,048,690	$39,676,000	0.19%	0.10%	21.31%
12	OmiseGO	OMG	$943,335,330	$9.60	98,312,024 *	$21,718,400	-0.47%	-3.21%	7.16%
13	BitConnect	BCC	$941,945,272	$137.47	6,852,006	$6,164,710	-0.27%	2.08%	22.44%
14	Qtum	QTUM	$716,419,300	$12.14	59,000,000 *	$116,484,000	-0.32%	0.01%	47.54%
15	Lisk	LSK	$619,095,923	$5.48	112,988,760 *	$12,642,400	0.65%	-4.12%	-5.19%
16	Zcash	ZEC	$612,043,090	$265.23	2,307,594	$39,313,400	-0.27%	-4.49%	23.10%
17	Waves	WAVES	$493,199,000	$4.93	100,000,000 *	$8,115,800	0.41%	-0.60%	22.72%
18	Tether	USDT	$436,184,827	$0.997994	437,061,572 *	$102,398,000	-0.04%	-0.12%	-0.44%
19	Stratis	STRAT	$407,839,312	$4.14	98,565,479 *	$8,976,000	0.91%	-6.89%	2.36%
20	Steem	STEEM	$336,482,109	$1.39	241,986,414	$3,456,000	0.99%	-5.56%	29.42%

출처: https://coinmarketcap.com

국내 가상화폐 거래 동향

국내 최초의 가상화폐 거래소는 2013년 4월에 설립된 코빗Korbit이다. 이듬해인 2014년에는 빗썸bitthumb과 코인원coinine이 설립됐다. 국내 거래소 중에서 빗썸bit-thumb은 2017년 8월 전 세계 가상화폐 거래량 1위를 기록하기도 했고, 국내 거래소

3사가 세계 거래량의 절반을 차지하기도 했다. 국내 거래소는 비트코인과 상위 10위 정도의 알트코인ALT coin을 거래하는데 원화에 의한 거래만 하고 있다.

코인에스COINASS(www.coinass.com)가 제공한 자료에 의하면 2017년 1월부터 9월까지 평균 거래점유율의 경우 비트코인은 빗썸bitthumb이 58.9%, 코빗Korbit이 23.7% 및 코인원coinine이 17.3% 등이다. 가상화폐 중에서 거래가 가장 활발한 이더리움Ethereum의 평균 거래점유율은 빗썸bitthumb이 40.3%, 코인원coinine이 36.9% 및 코빗Korbit이 22.3% 등이다. 비트코인과 이더리움Ethereum의 가격 및 거래량 추이를 살펴보면 가격은 비트코인이 높지만 거래량은 이더리움Ethereum이 많다. 그리고 이더리움Ethereum 거래량의 특징은 변동 폭이 심한 것으로 나타났다.

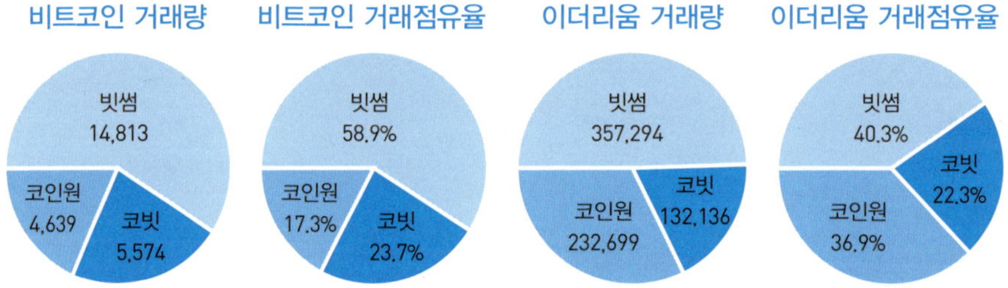

출처: COINASS(www.coinass.com)

출처: COINASS(www.coinass.com)

2017년 1월부터 9월까지 비트코인과 이더리움Ethereum의 가격과 거래량의 통계적 특성을 파악하기 위해 산포도scatter diagram 및 표준화normalized 추이를 살펴보았다. 산포도는 대푯값을 기준해서 통계자료가 분포된 정도를 의미한다. 산포도값이 작을수록 통계자료가 대푯값에 가깝게 분포되어 있고, 클수록 그 반대의 경우다. 표준화과정은 평균mean과 분산variance이 서로 다른 통계자료를 동일한 스케일로 변환해 비교하는 것이다. 이 때 각 통계자료의 평균은 0, 분산은 1을 기준하여 변환하기 때문에 이 추이를 통해 각 통계자료의 변화율을 단일 스케일로 파악할 수 있다.

산포도에 의하면 전 기간 동안 비트코인과 이더리움Ethereum의 가격이 거래량에 비해 집중도clustering가 높기 때문에, 두 가상화폐의 가격이 거래량보다 더욱 밀접한 관계성을 유지하고 있다. 그러나 가격도 높은 수준에서는 관계성이 약화되는 경향을 보이고 있다. 그리고 두 가상화폐의 거래량이 낮은 수준일 때는 관계성이 높은 편이지만, 거래량이 증가하면 거의 아무런 관련성이 없는 양상을 보이고 있다. 또한, 전 기간 동안 두 가상화폐 모두 가격 변동이 거래량 변동보다 크게 나타나 국내 가상화폐시장에서 가격 변동 폭이 심한 것을 알 수 있다.

표준화 추이를 살펴보면 두 가상화폐 가격의 경우 2017년 1월부터 9월 사이 초반에는 유사한 패턴이었고, 중반에는 이더리움Ethereum 가격의 변동 폭이 컸으며, 후반에는 동일한 패턴을 회복했다. 거래량은 전 기간 동안 두 가상화폐가 모두 유사한 패턴을 유지하고 있다. 그리고 각 가상화폐의 가격과 거래량의 경우 비트코인과 이더리움Ethereum 모두 초반과 중반까지 거래시장에서 안정된 패턴을 유지하다가 후반에 큰 변동성을 나타내고 있다.

한편, 2017년 9월에 넥슨Nexon 지주사가 가상화폐 거래소 코빗Korbit을 인수했다. 코빗Korbit은 2013년 4월에 설립된 국내 최초 가상화폐거래소다. 넥슨Nexon은 가상화폐의 핵심기술인 블록체인에 주목하여 900억원대 투자를 실행한다고 발표했다. 블록체인은 거래기록을 분산 저장해서 해킹을 차단할 수 있고, 중앙 서버가

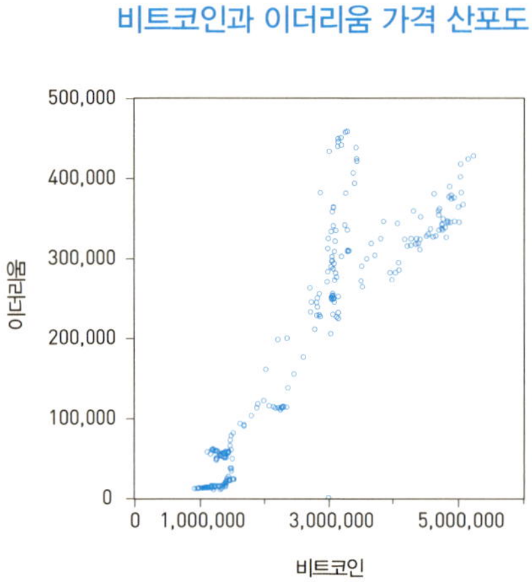

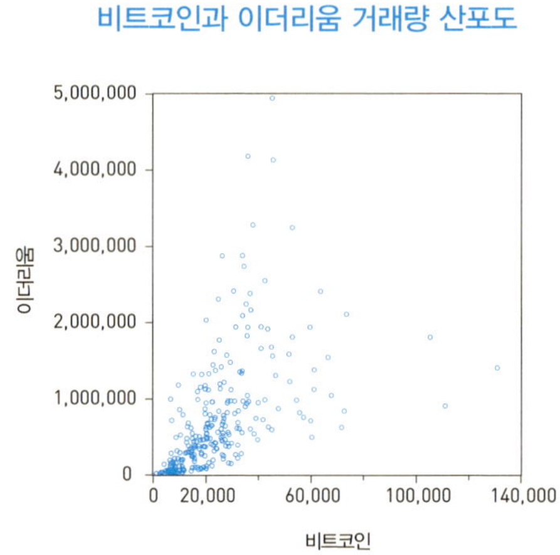

출처: COINASS(www.coinass.com)

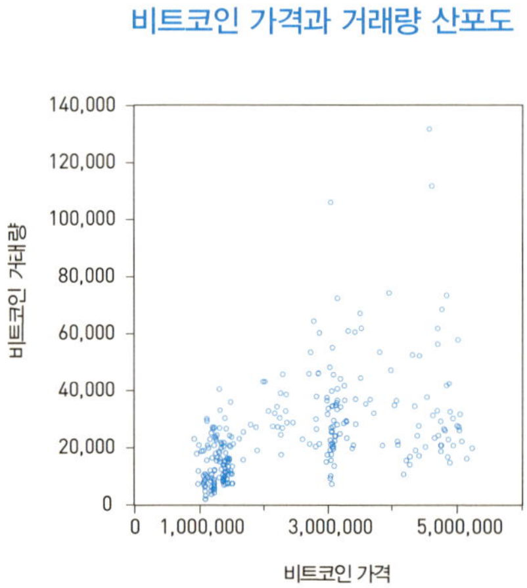

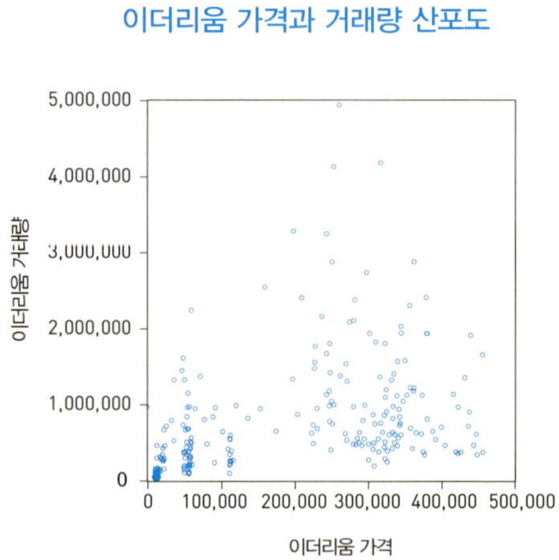

출처: COINASS(www.coinass.com)

비트코인과 이더리움 가격 표준화 추이

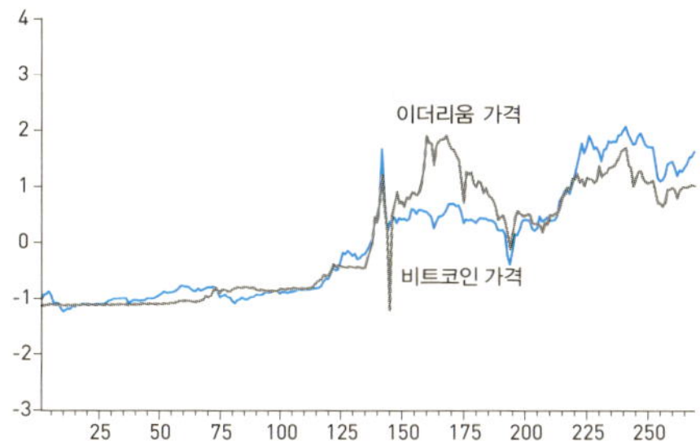

비트코인과 이더리움 거래량 표준화 추이

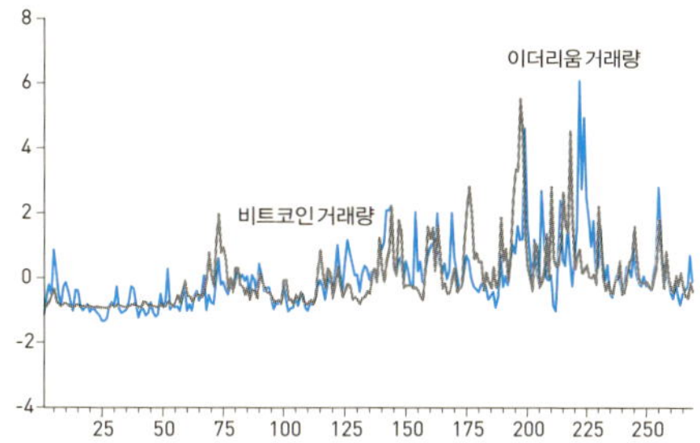

출처: COINASS(www.coinass.com)

비트코인 가격과 거래량 표준화 추이

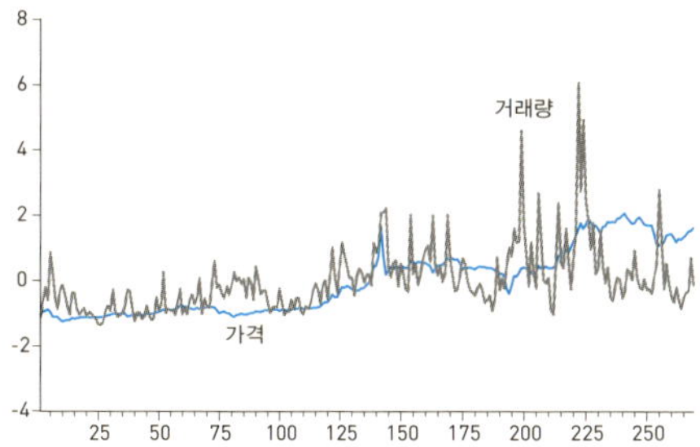

이더리움 가격과 거래량 표준화 추이

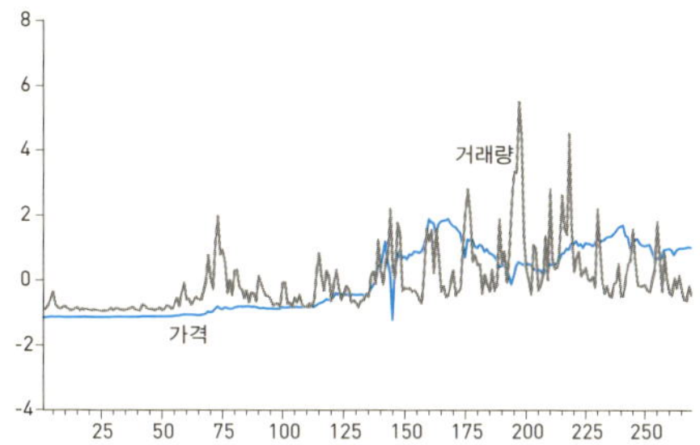

출처: COINASS(www.coinass.com)

없기 때문에 시스템 구축에 따른 대규모 투자가 필요치 않다.

그리고 가상화폐거래소 코인원coinone은 세계 최초로 오프라인에서 가상화폐나 이와 관련된 금융서비스를 제공하는 코인원 블록스Blocks를 오픈했다. 객장거래소는 가상화폐를 실물과 연결하는 분위기를 조성해서 가상화폐의 일반화에 기여할 것으로 기대된다.

국내 가상화폐거래소 현황

거래소	설립연도	현황
코빗	2013년 4월	• 국내 최초 거래소 • 비트코인의 국내 시장규모가 세계 60위권에서 20위권으로 진입하는 것을 견인
코인플러그	2013년 10월	• 디지털 자산(CPDAX) 거래에 특화 • 이더리움 기업연합(EEA) 가입 • 블록체인 특허 세계 2위
야피존	2013년 12월	• 비트코인 커뮤니티 땡글 거래소로 시작
빗썸	2014년 1월	• 2017년 8월 전 세계 1위 거래소 기록
코인원	2014년 8월	• 데일리 금융그룹 자회사
코인네스트	2017년 8월	• 중국 거래소 ViaBTC와 기술 제휴
포스링크	2017년 8월	• 코스닥 상장업체 포스링크가 자회사를 통해 LinkCoin 베타 서비스 오픈
두나무	–	• 카카오 스탁 운영사를 통해 진출 검토 • 애플리케이션 거래에 특화

출처: 각 거래소 홈페이지

가상화폐의 가격결정

2013년 이후 비트코인 가격이 심하게 등락을 거듭하면서 시장의 수요와 공급에 의한 것이 아니라 투자자들의 주관적인 심리가 가격을 결정하는 상황으로 인식되고 있다. 이런 상황은 투자자들 간에 매수가 매수를 불렀던 17세기 네덜란드의 튤립거품Tulip bubble과 같은 과열투기 현상으로 치부되기도 했다. 비트코인 가격은 전적으로 시장에 의해 결정되기 때문에, 비트코인의 미래가치를 높게 평가하는 시장 참여자가 많으면 많을수록 가격은 상승하게 된다.

사람들 사이에서 가상화폐가 화폐인지 상품인지 논란이 되고 있는 상황에서 가상화폐의 가치를 결정하는 것은 결코 쉬운 일이 아니다. 금도 하나의 금속성 상품이지만 발굴량과 사용가치의 차이로 인한 희소성 때문에 시장이 경제적 가치를 인정하고, 이를 바탕으로 가치저장의 수단이나 교환의 매개물로 이용된다. 그리고 국가도 금을 지불준비금international reserves의 일부로 활용한다. 이는 금의 한계효용이 크기 때문에 가능한 일이다. 가상화폐의 한계효용을 시장이 결정해 주면 가상화폐의 가치 판단이 용이하겠지만 아직까지 그런 기능을 담당할 시장은 형성돼 있지 않다.

화폐 및 통화관련 법률을 근거로 한 통화신용시스템을 바탕으로 발행되는 법정화폐의 내재가치는 매우 작다. 규칙적인 컴퓨터 프로그램의 집합체에 지나지 않는 가상화폐도 내재가치가 결코 크지 않다. 그러나 법정화폐는 국가와 통화당국이 그 가치를 지탱해 주지만 네트워크에서 불특정 다수가 발행한 가상화폐는 누구도 내재가치를 보장하지 않는다. 가상화폐가 시장에 의존할 수밖에 없는 이유다.

2011년 6월 비트코인 가격이 처음으로 반등하게 된 계기는 미국의 온라인 블랙마켓인 실크로드Silk Road에서 비트코인이 교환의 매개 수단으로 활용되며, 특수한 상황에서 비트코인이 화폐로 기능할 수 있다는 이유로 수요가 발생했기 때문이다. 그리고 2012년 말 키프로스Cyprus와 베네수엘라Venezuela에서 현실적으로 대체수단이 별로 없었던 경제적 불안도 한 요인이 됐다. 이런 비시장적 요인들이 나름대로 계량화되면서 비트코인의 가치를 구현하기 시작했다.

2013년 이후 시장이 형성되면서 비트코인을 비롯한 가상화폐의 가격이 형성되고 있다. 박녹선·최창규(2017)는 가상화폐가 이미 현실경제 속에서 시장에 진입했다는 전제하에 가상화폐의 가치를 결정하는 거시적 요인으로 가상화폐가 기축통화key currency와 대체재로 인식되기 시작했으며, 국제금융시장의 유동성 증가에 따른 기축통화의 가치하락은 가상화폐의 수요증가와 가격상승으로 이어진다고 분석했다. 이뿐만 아니라 안전자산으로 간주되기도 한다는 것이다. 그리고 외부적 요인인 정치적 리스크와 금융위기 등도 가상화폐의 가격상승을 견인한다고 보았다. 미시적 요인으로는 상장지수펀드ETF에 의한 기관 자금유입이나 차세대 결제수단으로서의 가치 평가도 가상화폐의 가격결정에 한몫 한다고 평가했다. 가상화폐가 이 정도의 경제적 메커니즘을 바탕으로 가격이 결정된다면 가상화폐는 더 이상 단순한 형태의 투기성 재화가 아니라고 평가할 수 있다.

안전자산과 비트코인

박녹선·최창규(2017)에 의하면 비록 2017년 이후에는 상관관계가 약해졌지만, 그 이전에는 비트코인과 상관관계가 가장 높았던 경제변수는 중국 위안화다. 즉, 위안화 약세에 따른 해지hedge수요가 비트코인으로 전환되면서 비트코인 가격이 강세를 유지했다는 것이다. 비트코인 가격이 중국 위안화와 경제적 관계를 형성했다는 것은 의미 있는 변화다.

국제금융시장에서 기축통화로 통용되며 각국의 법정화폐와 태환성이 높은 달러나 금은 안전자산으로 인식되고 있다. 특히, 금은 달러 가치의 하락을 해지hedge하는 대표적인 자산이다. 따라서 달러와 금은 서로 대체관계를 형성하는 경향이 있다. 비트코인을 선호하는 투자자들은 비트코인을 "금2.0"으로 인식하며 국제금융시장에서 안전자산으로 평가해도 무리가 없다는 입장이다.

달러의 가치를 평가하는 지표인 달러인덱스U.S Dollar index는 블룸버그Bloomberg가 산정하며 세계 주요국의 6개 통화 대비 달러의 평균 가치를 나타내는 지표다. 1973년 3월을 기준하여 유로는 57.6%, 일본 엔은 13.6%, 영국 파운드는 11.9% 캐나다 달러는 9.1%, 스웨덴 크로나는 4.2% 및 스위스 프랑은 3.6% 등의 가중치를 적용한다. 미연방준비제도FRS에서 미국의 교역상대국 통화를 바탕으로 작성하는 지표도 있지만 일반적으로 블룸버그Bloomberg가 산정한 지표를 활용한다. 달러인덱스가 상승하면 달러의 강세를 의미하고, 그 반대일 때는 약세를 나타낸다.

2010년 8월부터 2017년 9월까지 월간자료를 바탕으로 국제금융시장뿐만 아니라 국내의 금융시장에서 비트코인의 역할을 분석하기 위해 비트코인 가격, 달러인덱스, 국제금가격(oz.t.) troy ounce, 원-달러환율 및 원화기준 금가격의 통계적 특성과 상호관계를 분석했다. 우선 이 지표들의 기초통계 분석으로서 평균, 최댓값, 최솟값, 표준편차, 왜도skewness, 첨도kurtosis 및 Jarque-Bera(J-B) 통계량을 각각 산정했다.

각 변수의 통계적 특성은 주로 왜도, 첨도 및 Jarque-Bera 통계량에 의해 파악할 수 있다. 왜도는 통계분포의 대칭성symmetry을 나타내는데 왜도가 0zero이면 완전한 대칭분포이고, 양(+)의 값이면 오른쪽으로 긴 꼬리right-skewed이며, 음(−)의 값이면 왼쪽으로 긴 꼬리left-skewed를 각각 의미한다. 첨도kurtosis는 통계분포 꼬리의 두꺼운fat tail 정도를 나타내는데 변수의 통계분포가 정규분포이면 3의 값을 가지며, 이 값이 3보다 크면 첨예분포leptokurtic이고, 작으면 평탄분포platykurtic로 각각 구분된다. 이 지표들의 정규분포 가능성은 Jarque-Bera 통계량에 의해서도 파악할 수 있는데 정규분포를 검정하기 위한 귀무가설은 $\chi^2_{(2)}$검정을 따른다. 즉, Jarque-Bera 통계량이 $\chi^2_{(2)}=5.99$보다 크면 귀무가설null hypothesis은 기각된다.

이런 통계적 특성을 고려할 때 이 지표들 중에서 원-달러환율이 정규분포에 가장 가깝고 안정적인 추세다. 달러인덱스의 경우 정규분포는 아니지만 안정적인 추세를 보이고 있다. 그리고 비트코인 가격, 국제금가격 및 원화기준 금가격 등은 정규분포가 아니면서 불안정한 것으로 나타났다.

이 지표들 간의 상관관계를 분석해 보면 상관계수가 비트코인 가격과 달러인덱스는 0.422이고, 국제금가격은 −0.328이다. 달러인덱스의 경우 상관계수가 국제금가격과 −0.699로 높은 대체관계임을 확인할 수 있다. 따라서 비트코인이 달러와는 보완관계를, 금과는 대체관계를 형성하고 있는 것을 알 수 있다. 이는 비트코인이 달러와 유사한 특성을 보이며, 달러뿐만 아니라 금과도 연계성이 있다는 것을 의미한다. 따라서 비트코인이 국제금융시장에서 안전자산으로서 기능할 가능성을 제시하고 있다. 즉, 비트코인이 헤징hedging이나 재정거래arbitrage에 참여할 정도로 높은 상관관계는 아니지만 실물경제와 유의한 수준의 관계를 형성하고 있다는 것을 나타낸다.

국내금융시장에서는 비트코인 가격과 원-달러환율의 상관계수가 0.020으로 매우 낮아서 비트코인 가격과 원화와의 관계는 미미한 것으로 보인다. 비트코인의 경우 국내 금가격은 국제금가격에 준하는 대체관계를 보이고 있어서 원-달러환율보다는 국내 금가격과 경제적 관계를 형성하고 있다. 한편, 원-달러환율은 달러와 보완관계이고, 국제금가격과 대체관계이기는 하지만 연계성이 낮은 것으로 보인다. 따라서 국내의 금융시장에서 비트코인 가격과 금가격을 연계시키는 것은 큰 의미가 없다고 볼 수 있다.

국제금융시장에서 이들 변수의 추이를 살펴보면 비트코인 가격이 달러인덱스와 동일한 패턴을 보이지만, 국제금가격은 반대의 변화 패턴을 나타내고 있다. 이런 추이는 표준화한 추세에서도 확인할 수 있다. 국내금융시장에서 비트코인 가격과 원-달러환율이 동일한 패턴을 보이지만, 표준화한 추세에서는 특별한 특징을 보이지 않고 있다.

기초통계 분석

	BTC	$DXY	Gold oz.t.	WON/USD	Gold WON/g
평균	470.6	86.7	1,370.5	1,118.3	49,332.6
최댓값	4,672.8	102.2	1,825.6	1,237.0	64,460.2
최솟값	0.06	73.1	1,056.5	1,011.5	39,335.7
표준편차	800.4	8.6	197.9	46.0	7,060.6
왜도	3.29	0.30	0.69	−0.12	0.72
첨도	14.96	1.57	2.29	2.76	2.24
J-B 통계량	667.77	8.67	8.67	0.41	9.42
Prob.	0.00	0.01	0.01	0.81	0.01

출처: https://www.buybitcoinworldwide.com
https://spib.wooribank.com
www.barchart.com

상관계수

	BTC	$DXY	Gold oz.t.	WON/USD	Gold WON/g
BTC	1				
$DXY	0.422	1			
Gold oz.t	−0.328	−0.699	1		
WON/USD	0.020	0.455	−0.151	1	
Gold WON/g	−0.328	−0.563	0.951	0.118	1

비트코인 가격(BTC)의 정규분포성

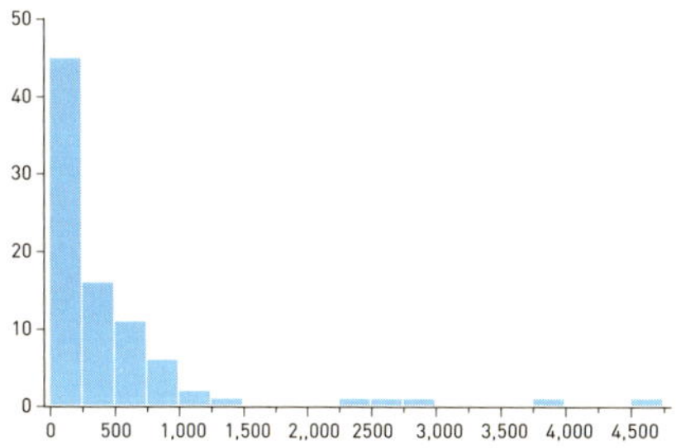

달러인덱스($DXY)의 정규분포성

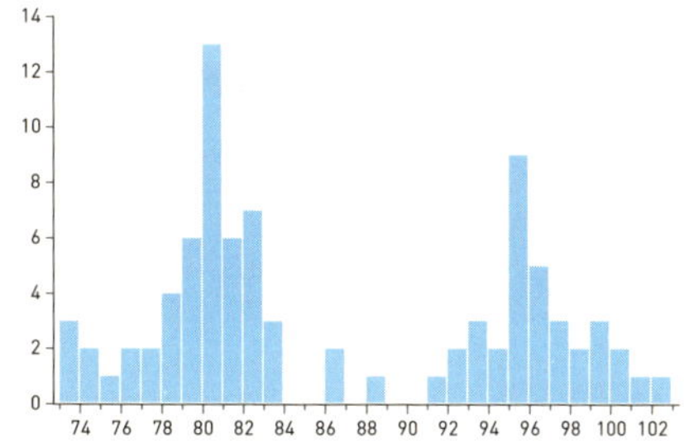

국제 금가격(Gold oz.t.)의 정규분포성

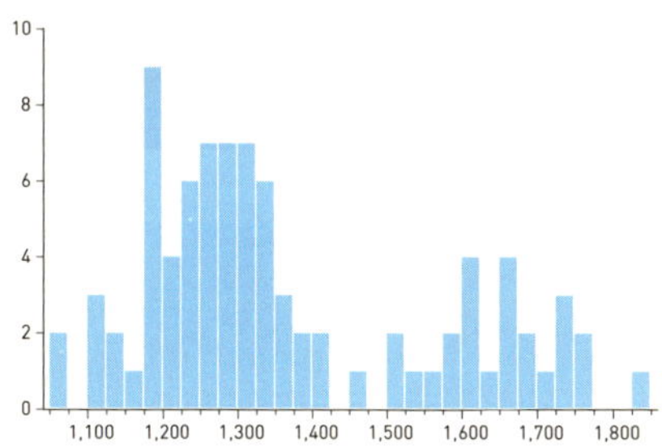

원-달러 환율(WON/USD)의 정규분포성

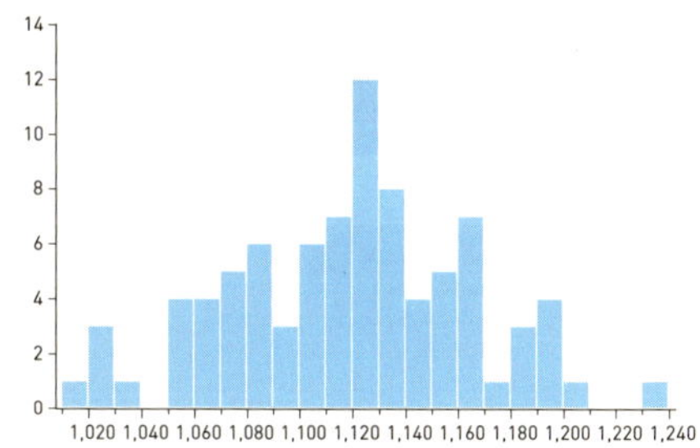

원화 기준 금가격(Gold WON/g)의 정규분포성

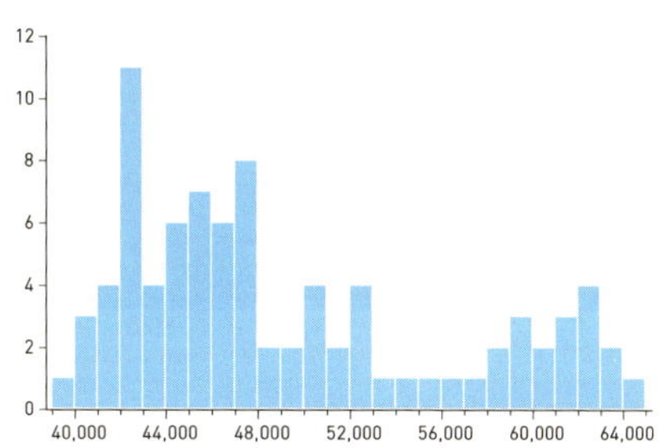

국제금융시장의 추이

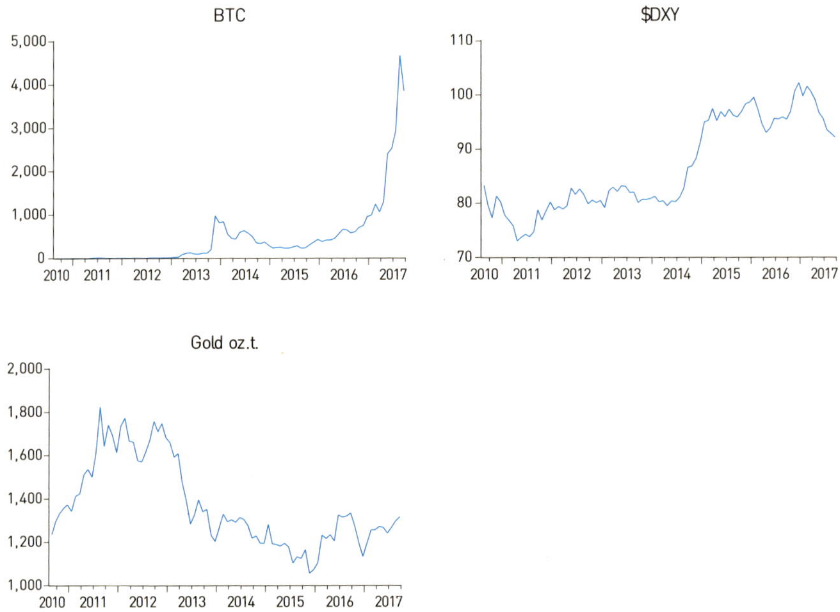

국제금융시장의 표준화 추이

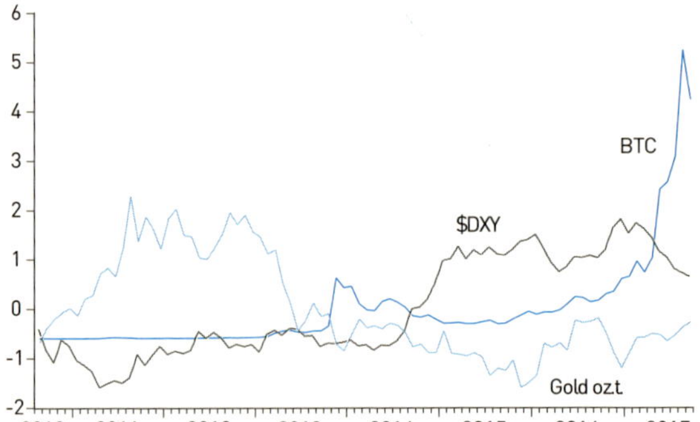

국내 금융시장의 추이

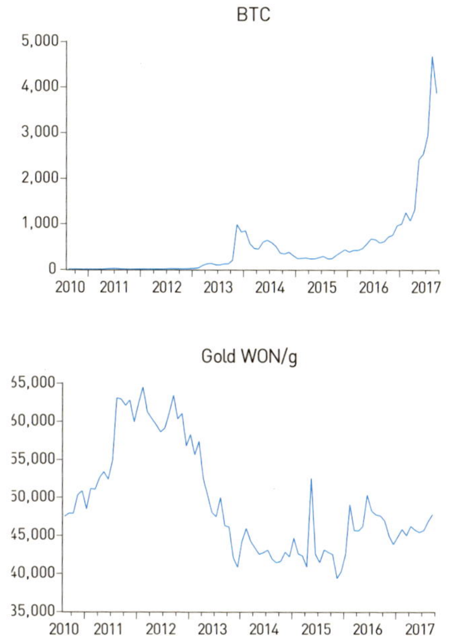

국내금융시장의 표준화 추이

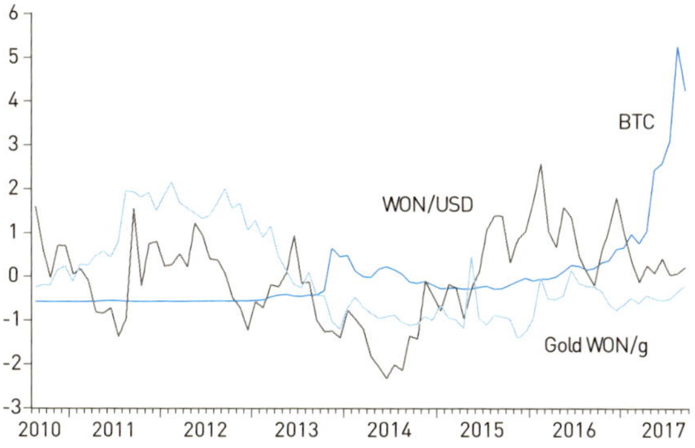

그랜저 인과관계 분석결과

귀무가설	F-통계값	p-값	관측치
비트코인이 달러인덱스와 인과관계가 없다	1.198	0.307	84
달러인덱스가 비트코인과 인과관계가 없다	2.883	0.062	
비트코인이 국제금가격과 인과관계가 없다	2.568	0.083	84
국제금가격이 비트코인과 인과관계가 없다	1.250	0.292	
달러인덱스가 국제금가격과 인과관계가 없다	1.318	0.273	84
국제금가격이 달러인덱스와 인과관계가 없다	0.644	0.528	

안전자산과 비트코인의 관계를 계량경제기법으로 분석했다. 분석방법으로는 그랜저Granger 인과관계 분석과 GARCH 모형에 의해 분석했다. 그랜저Granger 인과관계 분석은 두 변수가 상호 간에 미치는 영향력을 파악할 때 활용되는 계량경제기법이다. 두 변수를 종속변수와 설명변수로 교차하여 구조방정식을 설정한 후 설명변수에 시차lag 변수를 적용하여 실증분석을 수행한다. 여기서는 시차를 2개로 적용했다. 〈부록 II 참조〉

5%의 유의수준에서 F 검정의 임계값 $F_{(2, 84)}=19.50$인데, 이를 기준할 때 모든 경우에 귀무가설을 기각하지 못한다. 이런 검정결과는 p-값을 통해서도 확인할 수 있다. 이 결과를 볼 때 비트코인, 달러인덱스 및 국제금가격이 모두 독립적인 것을 확인할 수 있다.

GARCH 모형은 분석 자료의 변동성이 높아 자기상관autocorrelation과 이분산heteroskedasticity이 쉽게 관측되는 시계열자료의 분석에 적용한다. GARCH 모형은 다음과 같이 나타낼 수 있는데, 이모형에서 $\hat{w}$, $\hat{\alpha}$ 및 $\hat{\beta}$는 정(+)의 값을 가지며, 추정모형이 안정성을 유지하기 위해서는 ARCH 및 GARCH 요인을 나타내는 $\hat{\alpha}$과 $\hat{\beta}$가 $\hat{\alpha}+\hat{\beta}<1$의 조건을 충족해야 한다.〈부록 II 참조〉

$$\Delta y_{it}=\theta+\phi\Delta x_{it}+\varepsilon_{it}$$
$$h_{it}^{2}=w+\alpha\varepsilon_{it-1}^{2}+\beta h_{it-1}^{2}$$

GARCH 모형 분석결과

종속변수	설명변수	추정계수	표준편차	z-통계값	p-값
비트코인 가격	상수항	57.098	10.437	5.471	0.000
	달러인덱스	7.739	0.745	10.381	0.000
	국제금가격	−8.059	0.756	−10.661	0.000
미 달러인덱스	상수항	7.403	0.179	41.303	0.000
	국제금가격	−0.278	0.016	−17.342	0.000
	비트코인 가격	0.025	0.001	74.576	0.000
국제금가격	상수항	12.080	0.408	29.596	0.000
	비트코인 가격	−0.003	0.003	−1.049	0.294
	달러인덱스	−0.289	0.094	−3.073	0.002

분석결과에 의하면 달러인덱스(7.739)뿐만 아니라 국제금가격(−8.059)이 비트코인 가격에 미치는 영향이 크며, 국제금가격(−0.278)과 비트코인 가격(0.025)이 달러인덱스에 미치는 영향은 작다. 비트코인 가격(−0.003)과 달러인덱스(−0.289)가 국제금가격에 미치는 영향도 작다. 따라서 세 자산 중에서 비트코인 가격이 가장 영향을 많이 받는 것으로 나타났다.

가상화폐의 파생상품과 장외시장

블룸버그Bloomberg 통신에 의하면 일본의 금융정보 업체인 피스코Fisco가 액면가 200 BTC, 3년 만기, 채권수익률 3%인 비트코인 기반의 채권을 그룹 내에 속한 회사에 발행했다. 이 채권의 발행 당시 가치는 90만 달러인데, 일본의 채권발행 규제로 인해 정기 회사채로 발행되었다. 이 비트코인 채권에 책정된 가치는 81만3천 달러다.

미국에서는 시카고상품거래소CME와 시카고옵션거래소CBOE에서 개인과 기관 투자자를 대상으로 비트코인을 기초자산으로 하는 선물futures 상품을 출시하였을 뿐만 아니라 비트코인 상장지수펀드ETF도 활발하게 논의하고 있어서 점차 비트코인을 비롯한 가상화폐가 제도권 금융시장에서 금융상품으로 자리 잡고 있다.

가상화폐거래소인 레저Ledger X도 비트코인과 이더리움Ethereum을 기반으로 하는 콜call과 풋옵션put option 거래를 개시했다. 콜옵션 거래는 미래의 시점에서 약정된 행사가격으로 해당 금융자산을 매입할 수 있는 권리이고, 풋옵션 거래는 반대로 매도할 수 있는 권리에 대한 계약이다. 따라서 강세장에서는 콜옵션을 보유하는 것이 유리하고, 약세장에서는 풋옵션을 보유하는 것이 유리하기 때문에 금융시장의 변동성을 헤지hedge하거나 재정거래arbitrage에 활용될 수 있다. 우선 단기 1개월 장기 6개월의 비트코인-달러 옵션 상품을 출시하였는데, 그 결과를 바탕으로 이더리움Ethereum과 같은 가상화폐를 기초자산으로 하는 옵션상품도 개발될 것으로 보인다. 따라서 금융시장에서 위험을 분산하기 위해 포트폴리오portfolio를 재구성할 때 비트코인과 이더리움Ethereum을 금융상품 운용의 다각화에 활용할 수도 있을 것이다. 향후 차용증서IOU의 원장거래를 포함하는 파생금융상품이 개발되면 가상화폐의 금융상품화는 더욱 가속화될 전망이다.

가상화폐 관련 법규의 제도화

비트코인을 비롯한 가상화폐가 네트워크를 기반으로 하고 있지만 현실경제에서 화폐로 기능하기 위해서는 현실경제와의 관계 설정이 필수적이다. 정치적으로나 경제적 불안정성이 높아지면 가상화폐 가격이 상승하는 경향이 있는데, 이는 가상화폐가 이미 현실경제와의 연계성을 정립했다는 것을 의미한다. 2013년 12월 통화관리의 어려움 때문에 중국 인민은행PBOC이 가상화폐의 거래 금지를 명령한 것도 이런 맥락에서 이해할 수 있다. 유럽과 캐나다는 가상화폐의 현실화에 우호적이지만 중국, 러시아, 태국 및 베트남 등은 경계의 강도를 높이고 있다.

2012년 말 키프로스Cyprus와 베네수엘라Venezuela의 경제 불안이 비트코인의 가격상승을 견인했던 것처럼 2016년 하반기의 비트코인 가격 폭등은 인도의 화폐개혁과 아르헨티나의 경제 불안이 원인이었다. 2016년 11월 나렌드라 모디Narendra Modi 인도 총리가 500루피Rupee(INR)와 1,000루피 화폐의 유통을 금지하는 대신 액면가 2,000루피의 신권을 발행하는 등의 화폐개혁을 단행했을 때 인도에서 비트코인 거래가 증가했다. 그리고 중국의 중앙은행인 인민은행이 비트코인의 거래금지 조치를 취했을 때는 비트코인의 가격이 하락했다.

비트코인이 현실경제와의 연계성을 제도화하기 위해서는 법적인 지위를 확보해야 한다. 독일은 수년 전 비트코인에게 화폐와 동일한 지위를 부여했다. 일본은 2016년까지 비트코인을 재화로 분류하여 거래가 이뤄지면 세금을 부과했다. 그러나 2017년 1월부터 거래에 따른 부과세금을 폐지함으로써 사실상 비트코인에 대한 화폐로서의 지위를 인정했다. 한국은 2016년 10월 금융위원회에서 "핀테크 발전 로드맵"을 발표한 이후 가상화폐의 제도화를 지속적으로 추진하고 있다.

일본은 미국이나 유럽에 앞서 비트코인에 대한 법적 규정을 제도화했다. 즉, 일본은 2017년 4월 1일 개정 자금결제법을 시행하고 이를 근거로 가상통화거래소에 대한 등록제를 도입했다. 그리고 7월부터는 가상통화 구입 시 부과하던 부가세를 폐지했다. 비트코인을 결제수단으로 인정하며 일상적인 상거래에서 비트코인의 사용이 활성화될 것으로 보인다.

중국의 인민은행이 2017년 9월 발표한 가상화폐공개ICO: initial Coin Offerings 융자 금지 조치로 인해 중국의 3대 가상화폐거래소가 모든 거래를 중단했다. 즉, 최대거래소인 훠비닷컴, 2011년 설립되어 세계에서 가장 오래된 가상화폐거래소인 BTCC, 그리고 Okcoin 등이 디지털자산을 위안화로 환전하는 업무를 잠정적으로 중단했다. 중국의 금융단국은 돈세탁, 불법자금 모집 및 자본유출 등에 따른 금융리스크를 억제하기 위한 것으로 보인다.

한국은 가상화폐를 디지털 민간화폐로 규정한다. 민간화폐는 공식적으로 화폐로 인정되지 않지만 현실경제에서 유통 및 지불에 참여하므로 화폐의 기능을 수행하고 있는 것이 현실이다. 비트코인을 비롯한 가상화폐가 화폐시장을 교란할 수 있다는 우려와 전자결제시스템의 혁신을 촉진할 수 있다는 측면에서 고려돼야 한다. 즉, 전자금융거래법에 의해 인정받는 화폐가 되어야 할 것이다.

물리적 형태와 법적 지위에 따른 화폐의 분류

		물리적 형태	
		실물화폐	디지털화폐
(강) 법적 지위 (약)	법화	은행권	전자화폐
	예금화폐	수표, 어음	전자수표, 전자어음
	민간화폐	상품권, 지역화폐	가상화폐

출처: 현대경제연구원(2014)

가상화폐 관련 주요국 규제 상황

국가명	내용
한국	• 가상화폐를 화폐나 금융상품이 아닌 상품으로 규정 • 가상화폐는 소비세 부과 대상이며, 금융당국의 관리감독 대상이 아님 • 가상화폐 업체는 공정거래위원회나 해당 지자체에 전자상거래업자로 신고 • 2017년 9월 금융위원회가 한국은행, 금융감독원, 공정거래위원회 등 7개 유관부처가 참여한 "가상통화 관계기관 합동 태스크포스" 구성 • 가상화폐 거래의 안정성을 강화하고 관련 범죄에 대한 처벌 강화 논의
미국	• 가상화폐공개(ICO: Initial Coin Offering)를 증권법상 증권발행으로 보고 증권법 규제 적용 • 거래기업 및 개인의 재무부 신고 의무화
일본	• 가상화폐를 결제수단으로 인정, 소비세(8%) 미부과
중국	• 가상화폐거래소 수수료 부과, 출금금지 시행 • ICO를 통한 융자 금지 • 금융기관의 비트코인 결제업무 금지
영국	• 부가가치세 등 과세 여부 검토
독일	• 2013년 8월 최초로 금융상품 지정 • 자본이득세 부과
러시아	• 가상화폐 거래 금지
핀란드	• 가상화폐를 화폐가 아닌 상품으로 분류

출처: 박녹선·최창규(2017) / 중앙일보(2017년 9월 20일)

가상화폐 관련 일본 자금결제법 개정안 내용(2017년)

구분	내용
가상통화의 정의	가상통화는 결제수단의 하나로 재산적 가치를 지님. 재산적 가치란 가상통화가 불특정 다수 간의 지불수단 기능 및 법정통화와 교환 기능, 전자거래 기능을 갖지만 법정통화는 아님
가상통화 교환업에 대한 등록제 도입	가상통화 교환업을 수행하려면 자본, 순자산 등에 관한 요건이 충족돼야 하며 해당기관에 등록한 경우만 가상통화 교환업을 운영할 수 있음
가상통화 교환업에 대한 업무 규제	가상통화 교환업자는 이용자와의 거래내용 및 수수료 등의 정보, 시스템의 안전관리 등에 관한 사항을 장기적으로 감시를 받아야 함
가상통화 교환업에 대한 감독	가상통화 교환업자는 감사보고서를 첨부한 업무보고서를 해당기관에 제출해야 하며, 금융청으로부터 업무개선 명령 등의 감독을 받음

출처: 박녹선·최창규(2017)

가상화폐 관련 국내 대응방안

〈거래 투명성 확보, 소비자보호를 위한 장치 마련: 단기 실행 방안〉

추진과제	필요조치	추진일정
가상통화 취급업자의 이용자 본인 확인 등 거래투명성 강화	은행이 발급한 가상계좌를 통한 이용자 본인 확인 강화, 은행의 의심거래 보고를 강화	2017년 12월
가상통화를 활용한 해외 송금시 거래투명성 확보	관계기관 협조를 통한 모니터링, 거래투명성 강화	지속
가상통화 취급업자의 자금세탁방지 의무부과 추진	소액 해외송금업자에 대한 규제 시행, 국내거래에 대한 규제도입 추진	지속
가상통화 취급업자의 자율규제 마련 권고	소비자보호사항을 자율규제안에 반영 권고	2017년 하반기

〈거래 투명성 확보, 소비자보호를 위한 장치 마련: 법적·제도적 장치 강화〉

추진과제	필요조치	추진일정
유사수신행위 처벌 강화	가상통화 투자를 사칭한 유사수신행위 처벌 근거 명확화 등	지속
가상통화의 거래질서 확립을 위한 제도 정비	유사수신행위규제법 적용범위 확대를 통한 가상통화거래행위 규제	지속

〈이용자 피해방지를 위한 관계기관 합동 조치〉

추진과제	필요조치	추진일정
가상통화 합동단속반 구성 등 범죄단속과 처벌 강화	가상통화 관련 사기범죄 집중단속, 범죄 대응체계 구축 등	지속
해킹 등 고객정보 유출사고의 철저한 조사 및 제재	고객정보 유출사고 조사 및 제재, 개인정보보호 자율규제 지원 등	지속
가상통화 취급업자에 대한 공동점검체계 구축	가산통화 취급업자 현황조사 및 정보의 상시 공유 등	2017년 10월

〈규제감독 문제 검토〉

추진과제	필요조치	추진일정
가상통화 취급업자의 금융업 규제 여부 검토	시장추이, 각국 제도 운영결과를 보며 대응방안 마련	지속
가상통화 관련 과세문제 검토	가상통화의 법적 성격, 주요국 과세동향 등을 고려하여 과세 문제 검토	지속

출처: 박녹선·최창규(2017)

5

Chapter 5

가상화폐의 미래

미래 화폐의 조건

1994년 노벨경제학상을 수상한 존 내시John Nash는 비협조적 게임이론game theory을 정립한 수학자이면서 이론경제학자다. 특히, 과점시장의 균형조건을 정교하게 설명해서 과점시장의 균형을 내시Nash균형이라고 한다. 존 내시John Nash는 과거에 미래 화폐의 조건을 제시하기도 했는데, 그 내용이 오늘날의 비트코인과 상당히 유사해서 존 내시John Nash가 정체가 밝혀지지 않은 사토시 나카모토Satoshi Nakamoto일 수도 있다는 얘기를 하기도 한다. 존 내시John Nash의 판단이 맞는다면 비트코인을 비롯한 알트코인ALT coin은 제대로 방향을 잡고 있다. 존 내시John Nash가 제시한 이상적인 미래 화폐의 조건은 다음과 같다.

> 이상적인 화폐는 인플레이션에 의해 영향을 받지 않고 가치가 안정적이여야 한다. 또한, 정치적 요인에 의해서도 영향을 받지 않고 중앙통제가 없어야 한다. 실체가 없는 디지털 화폐로 국가에 의한 제약을 받지 않고 자유롭게 국제화폐로 사용할 수 있어야 한다. 즉, 가치의 안정성 확보, 탈중앙화, 디지털 암호화 및 탈국경화다.

가상화폐와 가상통화

비트코인이나 비트코인의 기능을 다양한 방법으로 확장한 알트코인ALT coin과 같은 가상화폐는 기본적으로 수평적 P2Ppeer to peer 네트워크의 기반에서 암호화 프로토콜protocol을 활용하여 블록체인을 생성하는 과정을 통해 화폐가 발행되는 디지털 화폐발행 시스템이다. 법정화폐로 지칭되는 기존의 화폐는 화폐발행에 대한 권한을 가진 각국의 중앙은행 또는 통화당국이 경제적 상황을 정책적으로 판단하고, 이를 바탕으로 국가경제 운용에 적절하다고 판단되는 수준에서 화폐의 발행량이나 발행 시기 등을 결정한다. 따라서 가상화폐의 화폐발행 시스템은 기존의 체계와는 전혀 다른 메커니즘을 따르게 된다.

가상화폐의 기축통화라는 비트코인은 총화폐 발행량이 이미 정해져 있는 수학적 알고리즘algorithm에 의해 2140년까지 2,100만 BTC다. 그러나 천여 개가 넘는 다양한 알트코인ALT coin이 발행하는 화폐 발행량은 그 규모를 가름하기조차 어렵다. 지금까지는 인터넷상에서 어떤 가치를 창출한다고 해도 이는 제한된 콘텐츠 범위 안에서 일정한 가치를 부여하고 또한 그 범위 안에서 통용되는 것들이다. 그러나 가상화폐는 네트워크를 통해 수많은 사람들이 화폐발행에 참여할 뿐만 아니라 수십만 명이 일상적인 경제활동에 가상화폐를 시용하고 있다. 더구나 가상화폐의 가치는 단순하게 거래의 편의를 도모하는 과정에서 결정되는 것이 아니라, 거래소를 통해 교환시장이 형성되고 실시간으로 그 가치를 평가한다. 가상화폐는 이미 현실경제에 깊숙이 개입해서 기존의 경제적 가치를 대체 또는 보완하며 현실경제의 일부분이 되어 있다는 것을 인지해야 한다. 가상화폐는 이미 시장을 통한 유동성 공급체계를 구축하고 있는데 이는 채굴된 통화량을 본원통화로 하는 일종의 신용창조credit creation 과정을 시작했다고 할 수 있다.

현실경제에서 화폐가 거래 기능만을 수행할 경우 화폐의 경제적 메커니즘은 비교적 단순하다. 그러나 화폐money stock가 통화currency로 전환되면 화폐가 금융자산으로 기능하면서 다양한 경제적 활동을 수반하세 된다. 법정화폐는 신용창조의 과정을 거치면서 통화로 전환된다. 본원통화를 바탕으로 시중은행을 비롯한 민간부문의 금융기관이 창조한 신용화폐는 실물경제의 원활한 흐름을 지원하기도 하고, 스스로 금융자산이 되어 주식이나 채권과 같은 다른 형태의 금융자산과 경제적 관계를 형성하기도 된다. 컴퓨터 네트워크에서 수많은 사람들의 참여로 발행된 가상화폐인 비트코인과 알트코인ALT coin은 지난 수년간 네트워크를 벗어나 지속적으로 현실경제와의 접촉을 시도해 왔다. 그리고 이제는 현실경제 속에서 일정한 역할을 수행하고 있다. 더구나 가상화폐는 단순하게 화폐로서만 기능하는 것이 아니라 이제는 통화로서 확고하게 자리 잡고 있다.

현실적으로 가상화폐의 가치에 대해 많은 논란이 있다. 정치적 또는 외부적 요인에 의해 가치의 변동 폭이 대단히 큰 것은 사실이다. 지난 수년간 가상화폐에 대한 관심은 채굴이라는 화폐발행 과정에 초점이 맞춰져 왔다. 그러나 최근 들어 채굴을 하면서 거래에도 집중하는 경향이 나타나 화폐, 투자 및 투기 등 다양한 형태가 혼재되어 나타나고 있다. 이 과정이 가상화폐가 화폐money stock에서 통화currency로 전환하는 과도기며, 이 과정을 거치면서 가상화폐의 경제적 가치도 안정화될 것이다. 그렇게 되면 자산을 관리하면서 포트폴리오portfolio의 구성에 현금, 주식 및 채권 등과 함께 가상화폐를 포함시킬 수 있게 될 것이고, 가상화폐는 현실경제에서 자산으로서의 지위를 확보할 수 있을 것이다. 이 과정이 성공적이기 위해서는 기존의 화폐 또는 금융관련 업무를 담당하는 정부기관과 끊임없이 협의해야 하고, 현실적으로 법률과 제도를 신설 또는 개정해야 하는 과제가 남았다.

글로벌 경제와 독점적 경쟁시장

3차 산업혁명에 의한 인터넷망의 구축으로 세계 모든 국가 간에 정보의 공유가 용이해지면서 시간적 및 공간적 제약을 해소해 급속하게 세계화를 경험하게 됐다. 세계화는 세계경제의 주축인 미국이 주도하는 것이 아니며 미국의 표준을 확산시키는 체계도 아니다. 세계화 이전과 이후를 비교해 보면 전 세계의 33% 정도를 차지하던 미국의 국내총생산GDP이 24% 정도로 하락했다. 세계화는 세계경제에서 거의 독점적 지위에 있던 미국경제의 확장이 아니라 오히려 해체에 가깝다.

경제적인 측면에서 세계화는 생산물시장뿐만 아니라 생산요소시장도 수요자와 공급자가 모두 다수인 경쟁시장 구조를 심화시켰다. 이는 인터넷망의 구축에 의해 나타난 시장의 분권화다. 그러나 역설적으로 세계화를 실행하는 과정에서 경쟁시장의 형태라기보다는 자연스럽게 독점적 경쟁시장이 형성됐다. 이는 세계의 거대한 시장에 누구라도 참여할 수 있지만 그 시장에 걸맞은 생산방식, 유통망의 구축 및 마케팅 능력 등을 갖추지 못하면 거대한 시장에서 생존할 수 없기 때문이다. 그렇게 하기 위해서는 기업의 규모가 일정 수준 이상이 돼야 한다. 따라서 자연스럽게 세계시장에 참여할 수 있는 기업의 수가 정해지게 된다. 그들이 구글Google, 아마존Amazon, 이베이eBay 및 알리바바Alibaba 등의 글로벌기업이다. 세계화 이후 대부분의 산업에서 독점적 경쟁시장이 형성됐다. 이런 시장구조를 형성한 주체는 특정 정부나 공공부문이 아니라 시장 자체다. 독점적 경쟁시장에서는 경제활동을 통해 정상이윤뿐만 아니라 초과이윤도 창출할 수 있는데 그 원천은 차별화와 다양화다. 따라서 글로벌기업들이 독점적 경쟁시장에서 경제활동을 함에도 불구하고 다양한 생산 활동을 통해 다양한 수요를 충족시킬 수 있었기 때문에 세계화 이후 세계의 수요자와 공급자가 공존하고 있는 것이다.

세계시장이 독점적 경쟁체제라면 이 체제를 선도적으로 구축한 기업들이 그들의 영역을 지키며 초과이윤을 향유하면 된다. 그러나 구글Google, 아마존Amazon, 이베이eBay 및 알리바바Alibaba 등의 글로벌기업들이 항상 전전긍긍하며 주변을 살펴야만 하는 이유는 그들의 독점적 경쟁에는 경쟁시장의 유전인자DNA가 내재돼 있기 때문이다.

세계화는 인터넷을 기반으로 한 분권화의 새로운 패러다임이다. 시장도 하나의 제도라고 한다면 이 새로운 패러다임도 새로운 형태의 시장제도를 구축하지 못하고 기존의 제도인 독점적 경쟁시장에 의존하고 있다. 인터넷에 의한 분권화가 그랬던 것처럼 가상화폐에 의한 화폐의 분권화도 결국은 기존의 화폐제도나 금융시스템을 대체하기보다 오히려 보완하며 공존하는 방안을 모색해야 할 것으로 보인다. 화폐로서 가상화폐가 갖는 한계성을 고려한다면 더욱 그렇다.

기존 통화시스템과의 충돌

제도권 경제에서 비트코인이나 알트코인ALT coin과 같은 가상화폐의 화폐발행 체계, 거래과정 및 가치평가 등에 대해 반신반의하는 것은 화폐로서 가상화폐의 근본이 특이할 뿐만 아니라 기존의 통화시스템과 연계시켰을 때 나타날 수 있는 파급의 정도를 가늠할 수 없기 때문이다. 한 예로 화장품은 피부에 바르면 그 효과가 있다는 것은 누구나 인정하는 사실인데, 먹는 화장품이 개발됐으니 화장품을 먹으라고 하면 대부분의 사람들은 의아해 할 것이다. 제도권 경제의 입장에서는 가상화폐를 먹는 화장품 정도로 인식할 수밖에 없을 것이다. 제도권 경제의 시각에서 볼 때 가상화폐는 화폐발행 규모가 정해져 있기 때문에 과거에 금이 그랬듯이 원천적으로 향후 확대되는 경제규모를 감당할 수 없는 구조적인 문제가 있다. 또한, 이로 인해 디플레이션 화폐의 숙명을 안고 있기도 하다. 이것만으로도 제도권 경제에서는 가상화폐에 대해 의심의 눈초리를 보낼 수밖에 없다. 가상화폐에 대한 근본적인 이해도 어렵지만 가상화폐를 제도권 경제에 편입시켰을 때 혹시 있을지도 모를 헤게모니hegemony에 대한 불안감도 있을 것이다.

가상화폐를 촉발시킨 비트코인의 작동방식은 오픈소스open source로 공개됐다. 따라서 비트코인을 기반으로 하고, 비트코인의 기능을 보완하거나 확장한 다양한 형태의 알트코인ALT coin이 속속 개발되어 채굴과정을 통해 화폐를 발행하고 있다. 2017년 10월 현재 1,146개의 알트코인ALT coin이 개발됐고 5,667개의 거래소에서 거래가 이뤄지고 있다. 아직까지는 전체 가상화폐 거래의 49.2%가 비트코인 거래다. 알트코인ALT coin은 비트코인처럼 화폐로서 기능하는 것이 있는가 하면, 신속하고 수수료가 거의 없는 금융거래가 가능한 특성을 반영하여 송금체계에 특화된 것도 있다. 향후 이 중에서 소수의 알트코인ALT coin만이 화폐의 기능을 수행할 것으로 예상된다. 그리고 이 중의 일부는 특수한 기능에 특화된 가상화폐로 그 역할을 수행할 것으로 보인다. 다양한 형태의 알트코인ALT coin 개발로 인해 가상화폐 영역의 범위가 지속적으로 확대되고 있다. 앞으로 가상화폐가 기하급수적으로 영역을 확대하며 커뮤니티를 형성하면 가상화폐의 입지는 보다 견고해지고 현실경제에서의 역할도 증대될 것이다.

기존의 화폐 및 금융관련 제도를 바탕으로 금융 산업을 독점적으로 운용해 왔던 통화 관리 주체들은 2000년대에 미국발 금융위기와 그리스 재정위기를 야기하면서 세계경제를 극심한 혼란에 빠트렸던 경험이 있다. 그리고 이 위기를 극복하는 과정에서 기존의 금융 산업 기득권층이 오히려 그들의 독점력을 더욱 강화시켰다는 비판도 받고 있다. 가상화폐의 현실경제 개입을 바라보는 금융 기득권층의 입장은 가상화폐의 도전을 용납하기보다는 금융 산업의 위기는 언제든지 스스로 해결할 수 있다는 생각으로 그들의 독점력을 유지하려 할 것이다.

가상화폐, 특히 알트코인ALT coin 중에는 금융거래의 편의성을 극대화하는 데 특화된 것들이 있기 때문에, 송금 수수료뿐만 아니라 금융거래의 운용시스템에서도 기존의 제도권 경제가 결코 유리하지 않다. 핀테크FinTech를 활용한다고 해도 기존의 운용시스템은 해당 시스템 안에서만 이뤄질 수밖에 없기 때문에 금융거래가 제한적이다. 그러나 가상화폐는 스마트폰이라는 단말기를 소지한 개인이 어느 곳에 있더라도 금융거래 서비스를 거의 수수료 없이 제공할 수 있다. 이것은 기본적으로 차원이 다른 금융거래다.

가상화폐의 영역이 지속적으로 확대되고 채굴과정이 진행됨에 따라 발행량이 증가하면서 가상화폐는 네트워크에만 머물지 않고 실물경제 속으로 진입해 상품교환의 매개로 활용되고 있다. 그리고 자본시장에서 기존의 금융상품과 경쟁하며 투자의 대상이 되고 가치저장의 수단으로 활용되기도 한다. 가상화폐가 가상통화로 변신해 이미 제도권 경제에서 통용되고 있는 법정화폐와 충돌하면서 영역 다툼을 시작하고 있다. 이제는 기존의 화폐 및 금융관련 제도와 충돌할 수밖에 없는 상황이다. 왜냐하면 가상화폐 결제가 확대되면 화폐유통에서 법정화폐의 점유율이 하락하게 되어 금융정책의 효과가 감소하고 중앙은행은 심각한 타격을 입을 수밖에 없기 때문이다.

그레샴Gresham의 법칙에 의하면 악화bad money는 양화good money를 구축drive out 한다. 동일한 액면가의 금화와 법적인 보장성이 약한 지폐가 동시에 유통되면 금화는 유통과정에서 점차 사라지고 결국에는 지폐만 통용된다. 법정화폐의 가치가 미처 확립되지 못했던 중세시대에 있었던 일이다. 악화bad money와 양화good money의 교환 비율이 법률로 동일하게 고정되면 두 화폐는 양립하며 유통되겠지만, 교환비율이 변동하면 열등한 화폐는 퇴장하게 된다. 법정화폐는 그 가치를 한 국가의 금융당국이 결정하면 그만이다. 그러나 가상화폐의 가치는 정치적, 경제적 및 기술적 등의 다양한 요인을 바탕으로 다수가 참여하는 시장에서 결정된다. 시장이 가상화폐의 가치를 안정적으로 유지시켜 주지 않으면 가상화폐는 화폐시장의 유통과정에서 양화good money가 된다는 보장이 없다. 주류화폐가 되기 위해서는 그 화폐를 사용하는 커뮤니티가 있어야 하고, 또한 비교우위가 있어야 한다. 자신의 재산과 부를 지탱해 주는 화폐에 관한 한 사람들은 위험 회피적이기 때문에 만일의 경우 야프제도Yap islands의 페이스톤Fei stone처럼 비록 돌일지라도 실물에 기대기를 바란다. 법정화폐와 가상화폐의 가치경쟁에서 디지털 프로그램에 불과한 가상화폐가 절대적으로 불리할 수밖에 없는 이유다. 법정화폐나 가상화폐 모두 내재가치는 별것이 없다. 법정화폐는 국가가 화폐로서 지위를 부여하기 전까지 낮은 가치의 종이나 금속에 불과하며, 가상화폐는 네트워크에서 블록체인을 구성하고 유지하는 대가로 받은 보상이 전부다. 시장이 이 무형의 가치를 어떻게 평가할지 알 수 없다. 금은 화폐가 아니면서도 법정화폐를 대체해 중앙은행 지불준비금international reserves의 일부가 되기도 한다. 금은 발굴량과 사용가치의 차이 때문에 한계효용이 높은 경제적 재화며 시장이 가치를 인정한다. 그렇다고 해도 금이 법정화폐의 가치저장 수단과 관련된 기능을 대체하는 것뿐이지 법정화폐와 대등하게 화폐시장에서 유통되지 않는다. 시장이 가상화폐의 한계효용을 어떻게 평가할지도 알 수 없다. 가상화폐가 법정화폐 기능의 일부라도 감당하면서 이른바 "디지털 골드"의 경제적 가치를 지닌 재화로 기능할지는 여전히 미지수다. 가상화폐가 원천적으로 많은 한계가 있는 것은 사실이다.

디플레이션 화폐의 한계

기존의 제도권 경제에서 가상화폐를 의아하게 생각하는 부분 중의 하나는 총발행량이 한정돼 있는 화폐가 어떻게 미래의 경제를 주도할 수 있는가에 대한 의문이다. 주류의 많은 경제학자들이 비트코인을 비롯한 가상화폐의 명쾌하지 못한 특성으로 인식하는 부분이다. 기존의 경제적 관점에서는 상시적으로 디플레이션을 발생시킬 수밖에 없는 화폐를 인정하기가 쉽지 않다. 왜냐하면 지금까지 적정 수준의 인플레이션을 유지함으로써 실물경제 활동의 촉진을 유도하는 경제정책을 수행해 왔기 때문이다. 따라서 지속적인 디플레이션은 국가 경제 운용에 치명적이라고 인식하는 경향이 있다.

사실 이 의문에 대한 답변은 간단치 않아 보인다. 지금까지 자본주의 경제는 성장 경로를 따라 경제규모를 지속적으로 확대해 왔고, 실물경제 규모가 증가하는 추세를 반영해 적정 수준에서 화폐공급도 꾸준히 늘려 왔다. 마치 10세 어린이한테는 10세의 체격에 맞는 의복을 줘야 하고, 20세 청년한테는 20세의 체격에 맞는 의복을 줘야 하는 것처럼 말이다. 따라서 자본주의 경제는 자연스럽게 더 많은 화폐공급을 해야 하기 때문에 화폐가치가 점차 하락하고 이것이 자본주의 경제가 경험해 온 물가상승이다. 가상화폐가 이런 체계를 유지하면서 현실경제 속으로 진입하려면 어떠한 형태로든 답변을 해야 할 것으로 보인다. 비트코인을 비롯한 가상화폐가 화폐와 통화량에 관한 권한을 가진다면 이 의문을 어떻게 극복할 수 있는지를 말이다.

회귀하는 탈중앙화의 중앙화

현실경제와 가상화폐의 연계성이 강화된 2013년 이후에도 여전히 가상화폐 가격의 불안정성이 높기는 하다. 그러나 가상화폐가 양적이나 질적으로 현실경제에 미치는 영향력이 확대됨에 따라 각국의 중앙은행이나 세계 금융 산업의 중추 역할을 수행하고 있는 월스트리트Wall Street가 지금까지와는 달리 구체적인 움직임을 보이고 있다. 각국 중앙은행의 대응방안은 기존 통화신용시스템에서 중앙은행의 고유권한인 법정화폐에 미치는 영향을 분석하는 것과, 가상화폐의 주요 기반인 블록체인을 송금체계에 활용할 수 있는 가능성을 점검하는 것으로 요약된다.

우리나라의 경우 한국은행은 가상화폐와 법정화폐가 경쟁하는 상황은 원천적으로 가능하지도 않지만, 중앙은행이 가상화폐를 발행하는 것도 현행법상 거래대상과 결제시스템에 커다란 혼란만 야기한다는 입장이다. 왜냐하면 현재 중앙은행은 국가기관이 아닌 개인 또는 기업 등의 경제주체와 금융거래를 할 수 없기 때문이다. 그러나 중앙은행 간의 통화결제를 지원하는 국제결제은행BIS은 각국의 중앙은행이 가상화폐 관리의 주체가 되어 현실경제나 통화정책에 미치는 영향을 모니터링해야 한다고 발표했다. 사실상 다수의 국가들은 가상화폐에 대해 적극적으로 대처하고 있다. 중국과 네덜란드의 중앙은행은 내부적으로 가상화폐를 발행하고 이미 시뮬레이션simulation을 마친 것으로 전해진다. 국제금융시장에서 달러를 지속적으로 견제해야 하는 중국은 가상화폐를 통해 국면전환을 꾀하고, 새로운 국제금융환경을 선점하려 할 수도 있다. 그 외에도 캐나다, 네덜란드, 핀란드, 에스토니아Estonia, 스웨덴, 러시아, 싱가포르, 멕시코 및 에콰도르Ecuador 등의 국가가 가상화폐의 운용에 적극적이다. 특히, 캐나다는 민트칩mint chip이라는 디지털 캐나다 달러 발행을 모색하고 있다. 유럽의 에스토니아Estonia는 유로를 사용하는 19개 국가 중의 하나임에도 불구하고 가상화폐 에스트코인Estcoin의 발행 계획을 발표해 유럽중앙은행ECB이 유로지역에서 유일한 화폐는 유로라고 재확인하기도 했다. 그 외에도 스웨덴이 e-크로나krona 발행을, 멕시코 중앙은행도 디지털 화폐의 발행을 검토하고 있다. 중앙은행이 가상화폐를 발행하게 되면 디지털 형태의 법정화폐가 유통되고 국가 차원에서 은행계좌 없이도 송금이 가능해진다.

중앙은행이 가상화폐나 디지털화폐를 발행하면 비트코인을 비롯한 가상화폐의 기능은 급속하게 국가시스템의 일부로 흡수될 수 있다. 그렇게 되면 탈중앙화를 지향하면서 시작됐던 비트코인의 실험은 중앙화로 급격히 회귀하며 큰 타격을 받을 수밖에 없다. 물론 중앙은행이 국가 차원에서 가상화폐 시스템을 운영하려면 결제시스템을 24시간 운영해야 하기 때문에 중앙은행이 네트워크에 그대로 노출된다. 중앙은행이 가상화폐의 안방 차지를 막으려다가 오히려 넓은 운동장으로 나와서 많은 사람들을 상대해야 하는 상황이 되는 것이다. 그리고 사이버공격으로 인해 해킹이라는 불쾌한 손님과 상시 대면해야 한다. 해커의 입장에서는 중앙은행의 취약한 부분을 찾아내 해킹에 성공한다면 한 국가의 금융체계를 장악하는 것이나 마찬가지다. 아마도 중앙은행이 가상화폐시스템을 운영하면 분산서비스 거부공격DDoS이나 컴퓨터 시스템을 감염시켜 접근을 제한하는 랜섬웨어Ransomware를 뛰어넘는 해킹기술이 단기간에 몇 단계는 더 발전할 것이다. 중앙은행으로서는 사이버공격에 절대로 패해서는 안 되는 싸움을 해야 하기 때문에 시스템 보안을 유지하는 데 큰 비용을 부담해야 할 것이다.

중앙은행에 의해 탈중앙화의 가치가 훼손되는 것뿐만 아니라 이기적 채굴에 대처하는 방안도 필요해 보인다. 가상화폐는 채굴과정에 다수가 분산해 참여하는 것을 전제로 한다. 그러나 중국에서 소수의 개인이 독점적 지위를 확보해 채굴하는 형태가 나타나고 있지만 제대로 대처하지 못하고 있는 실정이다. 중국의 마이닝 공장이 가상화폐 채굴의 50% 이상을 차지하는 현실에서 산업화 채굴 집단이 서로 담합하여 네트워크의 통제력을 장악하고, 컴퓨팅 파워가 일부에 집중되면 "51%의 공격"이라는 네트워크의 리스크를 배제할 수 없다.

비트코인을 비롯한 가상화폐의 보유가 소수의 개인이나 집단에 편중되어 또 다른 세력을 형성하고 가상화폐 재벌이 나타나는 것도 탈중앙화를 방해한다. 리치리스트richlist에 의하면 가상화폐 거래가 상위 소수의 지갑을 중심으로 이뤄지고 있으며 나머지 대부분은 잔돈 거래에 지나지 않는다. 기존 금융시스템의 고착화된 문제인 부의 집중화로 인한 불평등 분배가 네트워크에서 재연되는 것이다. 중앙 집중 시스템일 때와 다를 것이 없다. 라이트코인Litecoin이 낮은 해시 값으로 거래 입력 값을 낮게 설정하고 접근성을 높여 균등한 보유의 확산을 유도하지만 큰 틀에서의 문제는 여전히 남아 있다.

이더리움Ethereum은 비트코인의 기능에 머물지 않고 가상화폐의 영역을 확대했다. 즉, 컬러코인이 그것이다. 그러나 수조원의 금융자산이 블록체인에 탑재될 때 블록체인은 더 이상 비가역적이 아닌 상황과 직면할 수도 있다. 채굴에 따른 보상이 블록체인을 보호하는 비용보다 클 때 네트워크의 안정성이 보장된다. 의도적이든 의도적이 아니든 글로벌기업이 이더리움Ethereum의 컬러코인을 활용한다면 "51%의 법칙"에 의해 가상화폐가 추구하는 가치는 도전을 받게 될 수도 있다. 정부가 가상화폐를 발행하는 것과 같은 외부적 요인이나, 중국의 산업화된 채굴과 같은 내부적 요인이나 가상화폐가 지향하는 가치인 탈중앙화를 위협하고 있다.

가상화폐의 익명성

금융시스템의 운용에 있어서 거래절차의 신용확보를 위해 제3자나 기관이 개입하면 익명성은 없어지지만 신용상실로 인한 위험의 많은 부분을 회피할 수 있다. 이를 위해 에스크로escrow 같은 상거래제도는 익명성을 포기하고 거래절차의 일부분을 제3자가 완전 장악하는 중립지대를 설정함으로써 거래의 안전성을 높인다. 일반적으로 신용확보와 익명성은 상충관계trade-off에 있다. 대부분의 사람들은 화폐나 금융자산을 거래할 때 손실로 인한 효용utility 감소에 대한 우려가 큰 위험 회피적 행태를 따르기 때문에 신용확보를 위해 다양한 절차를 운용하고 있다.

가상화폐는 발행주체가 네트워크에서 블록체인을 형성한 다수의 참여자다. 따라서 신용확보에 문제가 발생하면 모든 참여자가 함께 책임을 져야 한다. 가상화폐는 화폐 발행과정에서 블록체인을 생성할 때 신생 블록이 블록체인의 일원이 되기 위한 조건을 충족하면 기존의 모든 블록이 확인과 승인절차에 참여하고 그 정보를 공유하면서 화폐 발행 절차가 마무리된다. 그러므로 신생 블록이 누구인지에 대해서는 관심이 없다. 이것이 블록체인이 익명성을 기반으로 하고 있음에도 불구하고 네트워크의 안정성과 신용확보 체계를 구축할 수 있는 메커니즘이다. 그러나 비트코인을 비롯한 가상화폐 발행을 위한 블록체인의 익명성은 이중적이고, 오히려 유사 익명성pseudo-anonymity에 가깝다. 블록체인의 익명성을 악용해서 세금회피, 범죄조직의 자금세탁 및 지하경제 거래 등의 문제를 야기할 수 있다고 우려하지만 이를 위한 안전장치는 마련될 수 있다. 단지 안전장치를 만드는 과정에서 블록체인의 익명성은 더 이상 보장되기 어려울 것이다. 블록체인의 익명성은 일정한 단계 이전까지만 유효하다. 꿩은 포수가 쫓아오면 바위틈에 머리만 틀어박으며 숨었다고 안심하다가 포수에게 손쉽게 잡힌다고 한다. 구태여 꿩의 얼굴을 확인하면서 사냥하려는 포수가 아니라면 꿩은 포수에게 쉽게 포획되는 것이다. 비트코인의 성장과정에서 몸살을 앓았던 사건인 실크로드Silk Road의 익명성 거래는 미 연방 수사국FBI의 개입으로 익명성이 한순간에 와해됐다. 블록체인의 익명성은 완벽하게 보장되지 못할 수 있다. 쇠사슬은 쇠사슬 중에서 가장 약한 고리만큼만 강한 법이다. 이중적인 익명성이 블록체인의 장점을 살린 가상화폐의 아킬레스건이 될 수도 있지 않을까?

법적 지위 확보의 과제

가상화폐의 기반을 제공한 비트코인은 미국에서 시작됐다. 그러나 가상화폐의 확산 과정에서 미국이 주도적이면서도 수시로 제동이 걸리는 것은 정교하게 조직된 기존의 화폐 또는 금융관련 제도와 상충되기 때문이다. 그 반면에 기존의 화폐 또는 금융관련 제도가 상대적으로 정교하지 못한 국가인 유럽, 하이티Haiti 및 키프로스Cyprus 등의 국가에서는 소수 비트코이너bitcoinner들의 활약만으로도 큰 성과를 내고 있다. 현실경제에서 가상화폐가 입지를 견고히 하기 위해서는 화폐 또는 금융관련 제도의 뒷받침이 선행돼야 한다. 이는 앞으로 가상화폐가 해결해야 할 중요한 과제 중의 하나다. 법적인 지위를 확보하는 것은 세금을 부과하는 과세 제도와도 연계돼 있다.

그러나 기존 제도권 경제의 진입장벽을 통과해야 하는 어려움이 예상된다. 한 팀에 선수가 20명쯤 되는 새로운 형태의 축구시합을 생각해 보자. 이 선수들은 축구경기의 규칙이 내장된 단말기를 하나씩 지참하고 정규 축구장에서 축구를 한다. 축구경기는 우선적으로 단말기를 조작하고, 그 결과에 따라 축구공을 찰 수 있는 기회가 주어지고 또 득점도 할 수 있다고 하자. 즉, 전통적인 축구경기와 디지털 방식이 혼합된 경기다. 이 디지털 축구경기의 인기가 높아지고, 점차 참여하는 사람들이 많아지고, 정규 축구경기처럼 방송에서 중계도 하고, 리그전을 만들어 정기적으로 경기도 하려면 축구협회의 허가를 받아야 하는 것이 현실이다. 이 과정이 쉽사리 이루어질 수 있을까? 허가를 받는 방법은 많은 사람들이 디지털 축구경기를 좋아하고 참여해서 커뮤니티를 확산하는 것이 선결돼야 한다. 그런 분위기가 우선 돼야 한다. 가상화폐도 기존 제도권 경제와 화폐 또는 금융관련 제도와 협의하기 위해서는 우선적으로 가상화폐 커뮤니티의 확산이 이뤄져야 한다.

가상화폐의 길

오랜 기간 동안 인류의 정치, 경제 및 각종 사회제도 등은 중앙 집권적 방식을 바탕으로 유지돼 왔다. 이런 방식은 비록 비효율적인 측면이 있기는 하지만 기득권층이 비교적 용이하게 자신들의 의도를 반영하여 체제를 형성하고 사회를 통제하는 수단으로 활용해 왔다. 그리고 사람들은 이런 체제를 자연스럽게 받아들이며 생활해 왔다. 중앙집권 형태에서 기득권층에 의한 의사결정 방식은 항상 잠재적 위험성을 내포하고 있다는 사실을 간과한 채 말이다.

그러나 인터넷망의 구축은 중앙 집중적 방식이 아니더라도 우리 사회가 적절하게 기능할 수 있다는 가능성을 입증했다. 인터넷을 기반으로 한 다양한 형태의 기기를 통해 네트워크에 대한 접근성이 확보되고 또한 일반화되면서 집단지성collective intelligence에 의해 가치를 구현하고, 이를 바탕으로 한 체제의 구축이 얼마나 합리적인지를 인식하게 됐다. 오히려 다양화나 탈중앙화가 중시되는 제도의 구축은 이런 과정을 거쳐 형성됐고 가상화폐도 이것을 기반으로 출현한 시대적 산물이다. 출현한 지 8년이 지난 비트코인과 그 후 가상화폐의 대열에 합류한 수많은 알트코인ALT coin은 네트워크에서 운영에 필요한 기술적 능력뿐만 아니라, 탈중앙화와 개인을 중시하는 사회적 가치를 표출시켰고, 이제는 이를 실현하는 거대한 흐름을 만들어 냈다. 우리 사회의 구성원들이 공동의 목표와 가치를 설정하고, 또한 이를 공유함으로써 그들이 아닌 우리들에게 가장 좋은 체제를 창출하는 과정에 대한 본보기를 보여 줬다.

기존 금융권에서 가상화폐의 기반이 되고 있는 블록체인 기술을 활용한 송금 및 지불제도에 대해 지대한 관심을 보이고 있다. 골드만삭스Goldman Sacha나 JP모건Morgan과 같은 기존의 대형 금융사들도 블록체인 기술에 관심을 보이고 있다. 우리나라에서는 신한은행과 국민은행이 외환송금과 문서보관에 블록체인의 분산원장 기술사용을 고려하고 있다. 기존 금융권에서는 페이팔PayPal과 같이 송금거래를 할 때 보안성을 강화한 시스템을 운영하기도 하고, 핀테크FinTech를 활용해 송금 효율성을 높이기도 한다. 그러나 현행의 금융권에서 해외송금을 하려면 외환관리법에 의해 시중의 금융기관을 통해서만 가능하고, 일정 수준의 수수료를 부담해야 하며 절차 또한 복잡한 편이다. 이뿐만 아니라 수신자가 송금액을 수령하려면 2~3일 정도는 지나야 한다. 착오 송금시 사실상 회복이 불가능한 단점이 있기는 하지만,

비트코인은 개인 간 분산 네트워크를 활용하기 때문에 은행계좌가 없는 개인한테 송금이 가능하다. 해외송금을 하는데 한두 시간이면 충분하고, 시중의 금융기관을 경유하지 않기 때문에 수수료도 거의 없다. 그리고 알트코인ALT coin 중에는 수초 만에 해외송금이 가능한 것도 있다. 더구나 인터넷망을 통해 쇼핑을 할 때 공인인증 절차가 없기 때문에 공인인증서나 엑티브엑스Active-X 등을 설치할 필요가 없고, 다만 비트코인을 비롯한 가상화폐의 지갑주소만 있으면 된다. 가상화폐는 송금거래에 있어서 기존 금융권과 비교할 수 없는 우위에 있다. 기존 금융권으로서 송금 및 거래 효율성을 개선하는 것은 발등의 불이 됐다.

구글Google, 아마존Amazon 및 알리바바Alibaba 등과 같은 글로벌기업은 최고경영자CEO가 있고 조직을 운영하는 관리체계가 있는 중앙집권 형태의 기업이다. 그럼에도 불구하고 기존의 컴퓨터 네트워크를 활용해 거래를 원활하게 지원하는 대단히 효율적인 지불시스템을 구축하고 있다. 특히, 알리바바Alibaba는 중국의 유비쿼터스ubiquitous 서비스를 통해 위챗WeChat과 거대한 유통업체인 알리바바Alibaba가 제공하는 알리페이Alipay로 모바일 결제를 시작했다. 거래에 따른 수수료조차 부과하지 않아 중국정부가 수수료 부과를 명령했을 정도다. 이런 효율적인 지불시스템의 구축에 대해 관심을 갖는 것은 기존의 금융기관들도 마찬가지다. 그러나 그들의 지불시스템은 수익성이 보장되는 그들의 금융 네트워크 영역 안에서만 유효하다는 한계가 있다. 이에 반해 비트코인을 비롯한 가상화폐는 영역의 한계 없이 개인을 대상으로 확대할 수 있다. 비트코인을 비롯한 가상화폐가 거의 수수료 없는 송금시스템을 가능케 하기는 하지만 이런 기능은 지엽적인 기능에 지나지 않는다. 비트코인을 비롯한 가상화폐가 이런 기능에만 집착한다면 가상화폐는 많은 영역을 포기해야 할지도 모른다.

미국 서부의 금광개발 때 금광 채굴 자체보다 금채굴에 필요한 인프라와 서비스를 지원하던 센트럴 퍼시픽Central Pacific과 같은 철도사업이나 리바이스Levi 청바지 사업이 오히려 더 많은 혜택을 받았다. 인터넷의 주변 산업이 3차 산업혁명을 주도해 왔듯이 가상화폐도 주변 산업의 집적화로 발전할 가능성이 대단히 높다. 블록체인을 기반으로 한 지불제도나 세금제도의 혁신은 가장 먼저 현실화될 것으로 예상된다. 가상화폐가 지향하는 본질은 아니지만 가상화폐로 인한 주변산업의 확산도 클 것이다. 이런 주변산업들이 유기적으로 발전할 수 있도록 유도하는 것도 필요해 보인다.

“절대 권력은 절대 망한다”는 역사적 사실에도 불구하고 오래전부터 금융 산업의 기득권층은 절대 권력을 지속적으로 확대하려 힘써 왔다. 오늘날의 금융 산업 체계는 중세 자본가들이 스스로의 경제적 이익을 극대화하기 위해 고안해 냈던 부채관리 및 지불시스템을 근간으로 하고 있다. 이들은 모든 금융거래의 중심에 은행을 두고, 그 운영에 지대한 영향력을 행사했기 때문에 이 체계는 금융 기득권층인 자본가에게 유리할 수밖에 없다. 따라서 금융 산업은 지대추구rent-seeking 행태의 표본이다.

금융 산업 관련 신기술이 등장하고 새로운 금융 환경이 조성될 때마다 그랬던 것처럼 월스트리트Wall Street에서 비트코인을 비롯한 가상화폐의 출현에 대처하는 방법은 과거와 동일한 것 같다. 그들은 신기술을 신속하게 습득해서 그 기술을 바탕으로 한 담합 형태의 컨소시움을 구성하고 중앙집권적 통제구조를 강화하려 할 것이다. 그리고 정보의 비대칭 상황을 유지한 채 지속적으로 독점구조를 형성하려 할 것이. 이런 행태는 비단 월스트리트Wall Street뿐만이 아니다. 대부분의 기존 금융권에서 일어나는 행태다. 자신들이 신봉했지만 통제 불능이 되어 세계금융시장을 교란시키고 금융위기를 자초하는 데 주요 원인이 됐던 장외 파생금융상품NDF처럼 통제가 쉽지 않은 또 다른 존재의 출현 정도로 생각하고 대처 방안을 고심할 것이다.

향후 가상화폐가 기존 제도권의 화폐인 법정화폐와 어떻게 영역 분할을 할지는 알 수 없지만, 가상화폐가 제도권 통화와 일정 수준에서 화해해야 할 것으로 보인다. 즉, 기존의 금융체계와 공존하며 상생할 수 있는 방안을 모색하는 것이 필요할 것이다. 기존의 화폐 및 금융제도는 어쨌든 인류의 지혜가 집약된 결정체다. 가상화폐가 이런 제도를 대체하는 것은 쉽지 않을 것이며, 결국은 상호 간 보완이나 대체 영역의 경계에서 만나게 될 것이다. 가상화폐로서는 이 경계를 원만하게 형성하는 것이 과제다. 역설적인 얘기지만 화폐는 기능적으로 국적이 없다. 앞으로 가상화폐가 법정화폐와 어떻게 경계를 설정하게 될지는 가상화폐에 달려 있다. 법정화폐보다 가상화폐가 이익 창출에 우위에 있다면 법정화폐와 통합된 시장에서 언제든지 주도권을 행사할 수 있을 것이다. 이것은 시장이 결정할 것이다.

가상화폐가 관심의 대상으로 삼아야 할 것은 단순하게 블록체인을 활용해 네트워크에서 편의성을 제고하는 정도의 것이 아니라, 기존의 경제권과 순기능의 역학관계를 정립해서 새로운 금융질서를 확립하고, 또 다른 차원에서 이를 운용할 수 있게 하는 것이다. 가상화폐가 "따로 또 같이"의 길을 선택할 때 그 기능을 극대화하며 우리 모두가 바람직한 방향으로 나갈 수 있는 안내자의 역할을 수행할 수 있을 것이다. 가상화폐를 수용할 수 있는 네트워크와 사회적 분위기는 이미 조성됐다. 가상화폐가 성공으로 갈 수 있는 지름길은 기존 통화시스템의 기능을 최소한으로만 수용하면서 이를 활용하는 것이다. 세계화를 통한 시장의 분권화가 기존의 독점적 경쟁시장만을 최소한으로 활용했던 것처럼 말이다.

이제는 "블록체인 2.0"이라는 말이 있을 정도로 블록체인은 가상화폐를 넘어 자유방임laissez-faire에 의한 경제운영의 가능성을 제시했다는 것이 일반적인 시각이다. 가상화폐는 네트워크에 참여하는 모두에 의해 관리되고 또한 운영된다는 특성이 있다. 네트워크에서 발생 가능한 상황에 대처하는 것도 필요하지만 외부적 위협요인에 대처할 수 있는 방안도 논의해야 한다. 자유방임을 지향하는 가상화폐는 중앙통제 시스템이 없고, 중앙통제가 없더라도 기능할 수 있다는 것은 마운트 곡스Mount Gox 사태를 수습하는 과정에서 입증했다. 그 당시 수많은 자원봉사자들이 자발적으로 비트코인의 정상화에 노력을 아끼지 않았고, 결국은 성공했다. 그러나 또다시 이런 상황이 발생했을 때 동일한 방식으로 해결할 수 있다는 보장은 없다.

따라서 그 역할을 최소화하더라도 관리 주체는 강화할 필요가 있다. 위키피디아 Wikipedia 사전은 많은 사람들이 함께 참여해서 만든다. 모두가 주체지만, 위키피디아는 재단이 관리자의 위치를 지키며 견고하게 유지되고 있다.

가상화폐는 단기적으로 채굴에 관심이 많지만, 장기적으로는 가치를 안정적으로 확보하는 방안을 모색해야 한다. 화폐가 되고 싶었던 비트코인은 달러를 모방한 듯한 로고를 만들었고, 화폐발행 과정도 금을 연상시키듯 채굴이라고 했다. 가상화폐가 진정한 의미의 화폐가 되기 위해서는 독자성을 유지할 때 본래의 순수한 가치가 훼손되지 않을 것이다. 장기적인 과제기는 하지만 채굴이 완료된 이후 가상화폐의 가치 평가에 대한 논의도 필요하다. 이때가 되면 채굴을 통한 이익창출은 더 이상 없기 때문에 가상화폐의 가치는 보유에 따른 자산이득과 거래 수수료일 것이다. 이때의 가상화폐 가치를 어떻게 평가할 수 있을까? 가상화폐 거래의 장점이라는 매우 저렴한 수수료가 지나치게 높아질 가능성은 없는지 점검해야 한다. 이 과정이 분명하게 정립돼야 가상화폐가 화폐로 남는 데 유리하다.

가상화폐는 자유방임을 바탕으로 하기 때문에 중앙통제 시스템이 없다. 따라서 특정 정부나 금융당국이 화폐 및 금융관련 제도나 법률을 통해 거래를 통제할 수는 있겠지만, 직접적으로 가상화폐의 발행을 폐지하지는 못한다. 그렇게 한다면 이것은 시장 경제 원리에 위배되는 것이고 경제정의에 부합하지도 않는다. 가상화폐는 중앙 집중화를 탈피함으로써 화폐발행과 운영에 권위적이고 독점적이었던 기존의 금융 환경을 합리적이고 다양성이 가능한 새로운 환경으로 전환했다.

2013년 이후 가상화폐는 많은 성공을 거뒀다. 블록체인과 비트코인은 실험으로만 끝나지 않을 것임은 분명해 보인다. 그러나 화폐로서의 비트코인이 될지, 아니면 기술로서의 비트코인이 될지는 아직 알 수 없다. 인터넷이나 시장의 권력을 기존의 경제 및 사회제도가 흡수해서 스스로 원하는 방향으로 이끌고 가려고 할런지도 모르겠다. 가상화폐가 "화폐 3.0"시대를 여는 징검다리 역할만 하는 데 그칠 수도 있다. 그러나 이 과정에서 가상화폐가 화폐로서 지배적 위치를 확보하지 못한다 해도 기존의 화폐 및 금융 인프라의 혁신에 기여할 가능성은 매우 크다.

향후 세계화의 심화로 국가 간 국경의 의미가 크지 않은 시대의 도래를 예상해 볼 수 있다. 어쨌든 가상화폐는 이를 선도하는 데 기여할 것이다. 큰 범위에서 비트코인을 비롯한 가상화폐가 세계의 경제통합을 이끌어서 향후 세계합중국USW: United States of World을 구축하는 초석의 일부분이 될 수 있기를 기대한다. 작은 범위에서는 금융시스템이 더 이상 지대추구rent-seeking의 주체가 아니라 공공재의 역할을 수행하면서 금융거래의 표준화가 되는 데 기여하기를 바란다. 만일 금융시스템이 민간부문으로 남게 된다면 정상적인 이윤추구profit seeking의 주체가 되는 데 기여하기를 바란다. 가상화폐가 화폐개혁뿐만 아니라 기존 금융제도의 근본적인 변화를 이끌어 경제정의를 실현하고, 전 세계의 금융 소비자들에게 그들의 몫을 온전하게 돌려주는 것이 가상화폐가 지향해야 할 길이 될 것이다.

에필로그

비트코인을 비롯한 가상화폐의 출현은 네트워크의 신기술을 기반으로 기존 화폐시스템과 운용제도를 개선하려고 시도한 실험에서 시작됐다. 비트코인이 출현하고 8년이 지난 오늘날 가상화폐는 만만치 않은 성과를 달성하며 기존 화폐시스템의 패러다임을 변화시키고 있다는 평가를 받고 있다.

대부분 사람들이 일상생활에서 금융기관을 이용하지 않을 수 없는 것이 현실이다. 그러면서 금융기관은 햇볕이 날 때는 우산을 주고, 비가 올 때는 우산을 뺏어간다는 얘기들을 한다. 금융기관은 기본적으로 돈 장사를 해서 수익을 창출하는 기업이기 때문에 이해는 하면서도, 자신들의 이익을 위해 이용자가 경제적으로 어려울 때 앞장서서 아랫돌을 빼내 돌탑을 무너트리는 조직이라는 비판을 면키 어려울 것이다. 이뿐만 아니라 법적인 지위만을 바탕으로 발행되는 부채화폐인 법정화폐는 발행량을 지속적으로 증가시켜 왔고, 증가된 화폐는 탐욕을 바탕으로 독점적 지위를 유지하며 견고하게 고착화시킨 불합리한 운영체계로 유입되어 그들만의 잔치를 즐기는 데 사용됐다.

화폐는 경제체계에서 실체적 또는 비실체적인 재화와 용역에 대한 가치를 평가하는 기준이 되기도 하지만, 인간의 이기심이나 욕망과 같은 선하지 못한 품성도 집합적으로 응집되어 있는 사회적 발명품이다. 가상화폐는 이런 복합적인 특성을 지닌 화폐의 순기능을 최대한 확대하려고 노력하는 과정에 있다.

사실을 확인할 수는 없지만 비트코인 창시자가 100만 또는 5억 BTC를 이미 보유하고 있고, 익명의 창시자로 남아있는 것은 축재를 위한 전략의 일환이라는 얘기도 있다. 그렇다면 비트코인도 변형된 또 다른 형태의 탐욕일까? 어쨌든 가상화폐는 제도권의 화폐라는 "만만치 않은 녀석"과 정면 대결을 하고 있다.

비트코인을 비롯한 가상화폐는 국면이 전환되는 특이점을 이미 통과한 것처럼 보인다. 지금까지 오는 데는 많은 사람들이 다양한 역할을 수행해 왔다. 초기 비트코인에 관심을 갇고 프로그램을 개발했던 개발자들이나 다양한 목적으로 디지털 화폐의 사업화를 시도했던 기업가들이 그들이다. 때로는 정의감에, 때로는 명예를 위해, 때로는 욕망으로 참여했겠지만 그들의 노고가 있었기 때문에 가상화폐를 통한 분권화된 커뮤니티는 지속적으로 성장해 올 수 있었다.

세계의 많은 분야가 이미 다수에 의한 집단지성의 인프라를 바탕으로 형성돼 있다. 미국은 제도를 바탕으로 운영되는 국가이기 때문에 어떤 지도력이 등장하더라도 기본적인 사회 질서는 흔들림 없이 유지될 것이라는 얘기를 한 적이 있다. 주변에 국가 안보와 관련해서 이질적이고 예측 불가능한 집단이 있는 한국도 지난 해 촛불집회를 거치면서 거의 반년을 국가의 지도력이 공백상태였음에도 불구하고 국정이 안정적으로 운영됐던 것을 놀라운 일이다. 이제는 한국도 관리자에 의한 지도력이면 충분한 것 같다. 공공부문의 역할은 국정을 주도하기보다 국민들의 집단지성을 파악하고 이를 구체화해서 실현하는 역할이면 족한 것 같기도 하다. 앞으로는 국민이 선거를 통해 선출한 선출직 정치인들에게 권리를 위임하는 대의정치에 따른 폐해도 많이 줄어들 것이나. 이런 사회적 번회도 가상화폐가 현실경제에 정착하는 데 밑거름이 될 것이라고 생각된다.

가상화폐에 대해 여러 시각들이 있기는 하지만 일단은 긍정적인 견해가 우세한 것 같다. 가상화폐는 이미 호랑이 등에 올라탔다. 그리고 소란만 피우고 용도 폐기될 가능성은 낮아 보인다. 설사 그렇게 된다고 해도 우리 사회의 많은 부분을 바꿀 것이다. 가상화폐가 기존의 화폐제도를 완전히 대체하려면 그 이전에 해결해야 할 과제들이 많이 있다. 아마도 중간지점의 어디에선가 합의점이 찾아질 가능성이 높아 보인다. 그럴 경우 가상화폐가 초심으로 돌아갈수록 더 많은 영역을 확보하면서 균형을 찾을 수 있을 것이다.

부 록

부록 I 비트코인의 출현배경

부록 II Granger 인과관계/GARCH 모형 분석

부록 I 비트코인의 출현배경

사토시 나카모토Satoshi Nakamoto의 이메일

From: Satoshi Nakamoto <satoshi <at> vistomail.com>
Subject: **Bitcoin P2P e-cash paper**
Newsgroups: **gmane.comp.encryption.general**
Date: Friday 31st October 2008 18:10:00 UTC (over 9 years ago)

```
I've been working on a new electronic cash system that's fully
peer-to-peer, with no trusted third party.

The paper is available at:
http://www.bitcoin.org/bitcoin.pdf

The main properties:
 Double-spending is prevented with a peer-to-peer network.
 No mint or other trusted parties.
 Participants can be anonymous.
 New coins are made from Hashcash style proof-of-work.
 The proof-of-work for new coin generation also powers the
    network to prevent double-spending.

Bitcoin: A Peer-to-Peer Electronic Cash System

Abstract.  A purely peer-to-peer version of electronic cash would
allow online payments to be sent directly from one party to another
without the burdens of going through a financial institution.
Digital signatures provide part of the solution, but the main
benefits are lost if a trusted party is still required to prevent
double-spending.  We propose a solution to the double-spending
problem using a peer-to-peer network.  The network timestamps
transactions by hashing them into an ongoing chain of hash-based
proof-of-work, forming a record that cannot be changed without
redoing the proof-of-work.  The longest chain not only serves as
proof of the sequence of events witnessed, but proof that it came
from the largest pool of CPU power.  As long as honest nodes control
the most CPU power on the network, they can generate the longest
chain and outpace any attackers.  The network itself requires
minimal structure.  Messages are broadcasted on a best effort basis,
and nodes can leave and rejoin the network at will, accepting the
longest proof-of-work chain as proof of what happened while they
were gone.

Full paper at:
http://www.bitcoin.org/bitcoin.pdf

Satoshi Nakamoto

---------------------------------------------------------------------
The Cryptography Mailing List
Unsubscribe by sending "unsubscribe cryptography" to majordomo@metzdowd.com
```

출처: Bitcoin Wiki

사토시 나카모토Satoshi Nakamoto의 논문

Bitcoin: A Peer-to-Peer Electronic Cash System

Satoshi Nakamoto satoshin@gmx.com www.bitcoin.org

Abstract. A purely peer-to-peer version of electronic cash would allow online payments to be sent directly from one party to another without going through a financial institution. Digital signatures provide part of the solution, but the main benefits are lost if a trusted third party is still required to prevent double-spending. We propose a solution to the double-spending problem using a peer-to-peer network. The network timestamps transactions by hashing them into an ongoing chain of hash-based proof-of-work, forming a record that cannot be changed without redoing the proof-of-work. The longest chain not only serves as proof of the sequence of events witnessed, but proof that it came from the largest pool of CPU power. As long as a majority of CPU power is controlled by nodes that are not cooperating to attack the network, they'll generate the longest chain and outpace attackers. The network itself requires minimal structure. Messages are broadcast on a best effort basis, and nodes can leave and rejoin the network at will, accepting the longest proof-of-work chain as proof of what happened while they were gone.

1. Introduction

Commerce on the Internet has come to rely almost exclusively on financial institutions serving as trusted third parties to process electronic payments. While the system works well enough for most transactions, it still suffers from the inherent weaknesses of the trust based model. Completely non-reversible transactions are not really possible, since financial institutions cannot avoid mediating disputes. The cost of mediation increases transaction costs, limiting the minimum practical transaction size and cutting off the possibility for small casual transactions, and there is a broader cost in the loss of ability to make non-reversible payments for non- reversible services. With the possibility of reversal, the need for trust spreads. Merchants must be wary of their customers, hassling them for more information than they would otherwise need. A certain percentage of fraud is accepted as unavoidable. These costs and payment uncertainties can be avoided in person by using physical currency, but no mechanism exists to make payments over a communications channel without a trusted party.

What is needed is an electronic payment system based on cryptographic proof instead of trust, allowing any two willing parties to transact directly with each other without the need for a trusted third party. Transactions that are computationally impractical to reverse would protect sellers from fraud, and routine escrow mechanisms could easily be implemented to protect buyers. In this paper, we propose a solution to the double-spending problem using a peer-to-peer distributed timestamp server to generate computational proof of the chronological order of transactions. The system is secure as long as honest nodes collectively control more CPU power than any cooperating group of attacker nodes.

비트코인의 역사

일자		내용
2008	8.18	• bitcoin.org 도메인 등록
	10.31	• 사토시 나카모토(Satoshi Nakamoto)가 이메일로 새로운 전자통화인 비트코인에 대해 언급 • 9쪽 논문을 다운로드할 수 있는 URL과 연결 • 비트코인을 디지털 서명으로 연결된 체인이라고 정의 • 분산화된 P2P 네트워크의 프로토콜 적용 • 제3자에 의한 신용 개입 없는 탈중앙집권화 시스템 • 네트워크의 모두가 참여하는 작업증명을 통한 화폐발행 시스템 • 작업증명 과정으로 이중 지불문제 해결 • 네트워크 참여자의 익명성 보장 • P2P 방식에 의한 당사자 간 디지털 화폐 송금 • 디지털 화폐시대의 개막
	11.9	• 소스포지(SourcdForge.net)의 오픈소스 프로그램에 비트코인 프로젝트 등록
2009	1.3	• 1번 노드에서 18:15:05 GMT에 창세기 블록체인 생성(http://www.BlockExplorer.com/b/0) • 50 BTC 발행
	1.9	• 비트코인 버전 0.1 출시 • 암호화 기술을 메일링 리스트에 있는 그룹에 공개
	1.12	• 할 핀니(Hal Finney)가 2번 노드로 참여해 첫 번째 비트코인 거래 성립 (http://www.BlockExplorer.com/b/170)
	10.5	• 온라인상에서 뉴 리버티 스탠더드(New Liberty Standard)라는 닉네임을 사용하는 채굴자가 달러 기반 환율을 공시 • 전기비용 기준으로 미 달러당 1,309.03 BTC로 표기(1BTC당 0.08센트)
	12.30	• 06:11:04 GMT에 처음으로 채굴 난이도 싱승
2010	2.6	• 비트코인 거래시장 형성
	중반	• 라슬로 한예크(Laszio Hanyecz)가 채굴에 CPU 방식 대신 GPU 방식 채용
	중반	• 사토시 나카모토(Satoshi Nakamoto)가 온라인상에서 사라짐
	중반	• 비트코인 커뮤니티의 태동 • 개빈 앤더슨(Gavin Andersen)을 개발자 리더로 지정
2010	5.21	• 미국의 라슬로 한예크(Laszio Hanyecz)가 영국의 제르코스(Jercos)에게 10,000 BTC를 지불하고 파파존스에서 25달러에 해당하는 치즈피자 주문
	7.11	• 비트코인 버전 0.3이 슬래시닷(Slashdot)에 언급되면서 많은 사람들이 비트코인에 대해 관심을 갖기 시작
	7.12	• 비트코인의 미 달러 환율이 $0.008/BTC에서 $0.08/BTC로 10배 상승
	7.17	• 최초의 거래소 마운트 곡스(Mount Gox) 출범

2010	10.1	• OpenCL 마이닝 소프트웨어 출시
	11.6	• 비트코인의 시가총액이 100만 달러를 기록 • 마운트 곡스(Mount Gox)에서 미 달러 환율이 $0.50/BTC를 기록
	12.16	• 슬러시(Slush)라는 풀 마이닝(pooled mining)업체를 통해 첫 블록 생성
2011	1.2	• 토날(Tonal) 비트코인 단위를 표준화
	1.27	• 거래소 bitcoin-otc에서 100조 짐바브웨 달러 3장이 한 장당 4 BTC에 거래
	1.28	• 10만5천 번째 블록이 생성돼 5백만2천5백 비트코인 발행 • 총 2천백만 블록 중에서 약 25%가 채굴됨
	2.9	• 마운트 곡스(Mount Gox)에서 미 달러와 1:1 환율 형성
	2.14	• 호주에서 자동차와 비트코인의 교환을 제의
	3.27	• 영국 파운드와 비트코인을 교환하는 브릿코인 개설
	3.31	• 브리질 헤알화(Reals)와 비트코인을 교환하는 비트코인 브라질 개설
	4.5	• 폴란드 즈워티화(Zloty)와 비트코인을 교환하는 BitMarket.eu 개설
	4.12	• 비트코인이 거래소 bitcoin-otc에서 풋옵션 계약 판매
	4.16	• 타임지에서 "Online Cash Bitcoin Could Challenge Government"라는 기사 게재
	4.23	• 마운트 곡스(Mount Gox)에서 BTC/USD가 유로와 연계된 환율 산정 • 마운트 곡스(Mount Gox)에서 BTC/USD가 영국 파운드와 연계된 환율 산정 • 비트코인의 화폐발행액이 1천만 미 달러 돌파
	4.27	• 거래소 VirWox에서 가상화폐인 SLSecond Life Lindens과 BTC/SL 거래 개시
	4.30	• 채굴 난이도가 100,000 돌파
	6.2	• 마운트 곡스(Mount Gox)에서 USD/BTC가 10달러에 형성
	6.3	• 토날(Tonal) 비트코인이 TBC당 1센트에 거래 형성
	6.8	• 마운트 곡스(Mount Gox)에서 BTC당 31.91 미 달러에 거래 형성 • 시가총액이 206만 미 달러로 평가
	6.12	• BTC당 10 미 달러로 하락하여 최대 낙폭을 기록
	6.13	• 비트코인포럼 참가자인 알린 베인(Allin Vain)이 25,000 BTC가 자신의 비트코인 지갑에서 사라졌다고 주장(이 금액은 375,000 미 달러에 해당)
	6.19	• 거래소 마운트 곡스(Mount Gox)의 데이터베이스에 오류 발생 • 6만 명의 이용자명, 이메일 주소, 패스워드 유출 • 익명으로 마운트 곡스(Mount Gox)의 관리자 계정에 접속하여 수천만 개의 가짜 비트코인을 매도한다는 계약을 공시 • 비트코인의 가격이 17.51 미 달러에서 0.01 미 달러로 폭락 • 마운트 곡스(Mount Gox)에서 7일간 비트코인 거래 중지 • 마운트 곡스(Mount Gox) 데이터베이스에서 유출된 이용자명이 온라인 지갑서비스 업체 MyBitcoin에서 사용되고 패스워드도 해킹됨 • 600명의 MyBitcoin 계정에서 비트코인이 도난당함

2011	6.20	• 전자프런티어재단(EFF)에서 법적인 불확실성으로 인해 비트코인으로 기부 받는 것을 중단 하겠다고 발표
	6.24	• 채굴 난이도가 1,000,000에 이르고 133,056번째 블록 생성
	7.22	• 인터벡스 디지털(Intervex Digital)에서 아이패드를 지원하는 비트코인 모바일 앱 출시
	8.20	• 뉴욕에서 첫 비트코인 컨퍼런스와 세계 엑스포 개최
	8.23	• P2P 그룹 마이닝 풀인 P2Pool에 의해 142,312번째 블록 생성
	11.25	• 체코 프라하에서 첫 유럽 비트코인 컨퍼런스 개최
2012	3.1	• 웹호스팅 리노드Linode에서 50,000 BTC라는 역사상 가장 큰 규모의 도난 사건 발생
	5.8	• 사토시 다이스(Satoshi Dice)가 비트코인 거래량의 50%가 넘는 단일 업체가 됨
	6.3	• 181,919번째 블록이 1,322개의 거래를 기록한 가장 긴 블록으로 생성
	9.15	• 영국 런던에서 비트코인 컨퍼런스 개최
	9.27	• 비트코인 재단 설립
	11.28	• 21만 번째 블록이 처음으로 25 BTC를 보상 받음
	12.6	• 유럽에서 처음으로 비트코인 거래소가 은행업 허가 취득
2013	2.19	• 다운로드 속도와 블룸 필터링(bloom filtering)이 개선된 비트코인 클라이언트 버전 0.8 출시
	3월	• 키프로스(Cyprus)의 금융 불안으로 비트코인 수요 급증
	2.28	• 마운트 곡스(Mount Gox)의 BTC 환율이 2011년 6월 8일 수준인 31.91 미 달러로 회복
	3.18	• 미 연방 정부가 비트코인 사용자가 달러로 환전할 때 자금세탁방지법의 적용을 발표
	3.28	• 비트코인시장 규모가 1천만 달러 돌파
	4.1	• 마운트 곡스(Mount Gox)와 다른 주요 거래소에서 USD/BTC가 100 미 달러를 돌파
	10월	• 온라인 블랙마켓인 실크로드(Silk Road)를 미 연방 수사국FBI이 수색하고 비트코인을 압수 • 미 연방 수사국FBI이 비트코인 경매로 자금 회수

출처: 1) Bitcoin Wiki
2) 마이클 캐이시·폴 비냐(유현재·김지연 옮김), 비트코인 현상–블록체인 2.0, 미래의 창, 2015

창세기 비트코인 채굴 기록

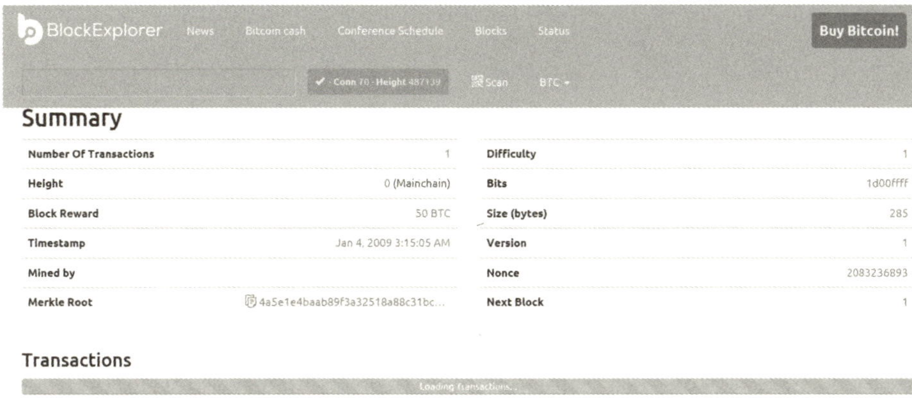

출처: Bitcoin Wiki

최초의 비트코인 채굴 프로그램 공개

Re: Bitcoin v0.1 released

"Hal Finney" | Sun, 11 Jan 2009 10:22:14 -0800

```
Satoshi Nakamoto writes:
> Announcing the first release of Bitcoin, a new electronic cash
> system that uses a peer-to-peer network to prevent double-spending.
> It's completely decentralized with no server or central authority.
>
> See bitcoin.org for screenshots.
>
> Download link:
> http://downloads.sourceforge.net/bitcoin/bitcoin-0.1.0.rar

Congratulations to Satoshi on this first alpha release.  I am looking
forward to trying it out.

> Total circulation will be 21,000,000 coins.  It'll be distributed
> to network nodes when they make blocks, with the amount cut in half
> every 4 years.
>
> first 4 years: 10,500,000 coins
> next 4 years: 5,250,000 coins
> next 4 years: 2,625,000 coins
> next 4 years: 1,312,500 coins
> etc...

It's interesting that the system can be configured to only allow a
certain maximum number of coins ever to be generated. I guess the
idea is that the amount of work needed to generate a new coin will
become more difficult as time goes on.

One immediate problem with any new currency is how to value it. Even
ignoring the practical problem that virtually no one will accept it
at first, there is still a difficulty in coming up with a reasonable
argument in favor of a particular non-zero value for the coins.

As an amusing thought experiment, imagine that Bitcoin is successful and
becomes the dominant payment system in use throughout the world.  Then the
total value of the currency should be equal to the total value of all
the wealth in the world. Current estimates of total worldwide household
wealth that I have found range from $100 trillion to $300 trillion. With
20 million coins, that gives each coin a value of about $10 million.

So the possibility of generating coins today with a few cents of compute
time may be quite a good bet, with a payoff of something like 100 million
to 1! Even if the odds of Bitcoin succeeding to this degree are slim,
are they really 100 million to one against? Something to think about...

Hal

---------------------------------------------------------------------
The Cryptography Mailing List
Unsubscribe by sending "unsubscribe cryptography" to majord...@metzdowd.com
```

출처: Bitcoin Wiki

최초의 비트코인 송금 기록

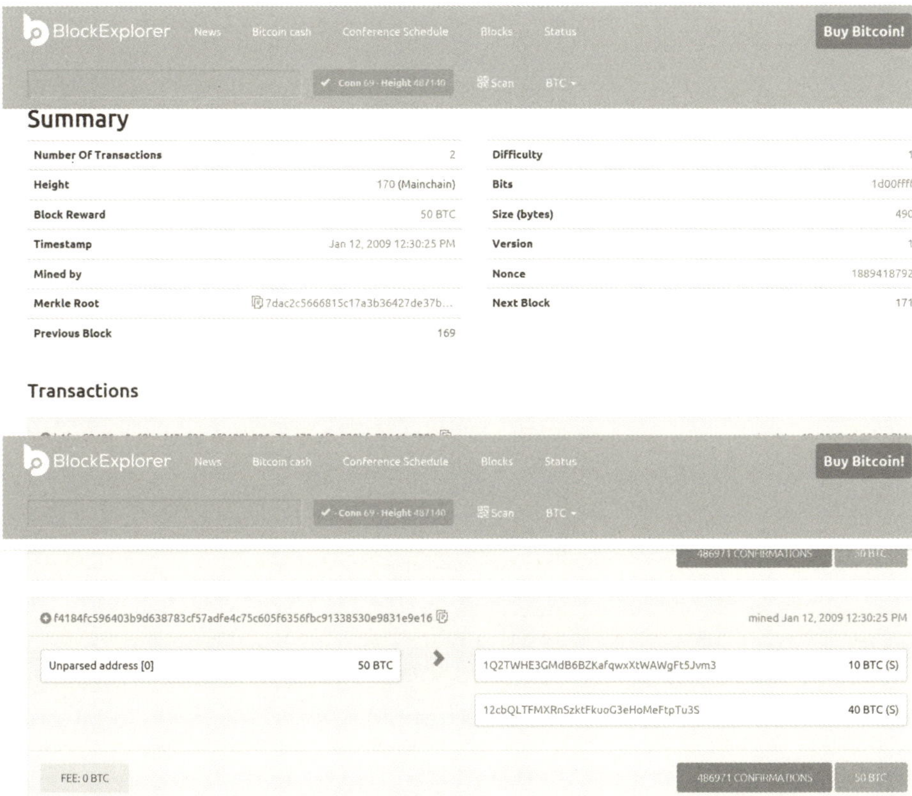

출처: Bitcoin Wiki

최초의 비트코인 대미환율 산정

Mid-Market Bitcoin Exchange Rate History			
$1.00 USD	=	1,392.33 BTC	01/01-15/2010
$1.00 USD	=	1,451.83 BTC	12/31/2009
$1.00 USD	=	1,555.24 BTC	12/30/2009
$1.00 USD	=	1,578.77 BTC	12/29/2009
$1.00 USD	=	1,578.77 BTC	12/28/2009
$1.00 USD	=	1,578.77 BTC	12/27/2009
$1.00 USD	=	1,578.77 BTC	12/26/2009
$1.00 USD	=	1,578.77 BTC	12/25/2009
$1.00 USD	=	1,578.77 BTC	12/24/2009
$1.00 USD	=	1,578.77 BTC	12/23/2009
$1.00 USD	=	1,578.77 BTC	12/22/2009
$1.00 USD	=	1,594.63 BTC	12/21/2009
$1.00 USD	=	1,594.63 BTC	12/20/2009
$1.00 USD	=	1,586.70 BTC	12/19/2009
$1.00 USD	=	1,622.40 BTC	12/18/2009
$1.00 USD	=	1,630.33 BTC	12/17/2009
$1.00 USD	=	1,606.53 BTC	12/16/2009
$1.00 USD	=	1,626.37 BTC	12/15/2009
$1.00 USD	=	1,626.37 BTC	12/14/2009
$1.00 USD	=	1,618.43 BTC	12/13/2009
$1.00 USD	=	1,562.90 BTC	12/12/2009
$1.00 USD	=	1,503.40 BTC	12/11/2009
$1.00 USD	=	1,491.50 BTC	12/10/2009
$1.00 USD	=	1,455.80 BTC	12/09/2009
$1.00 USD	=	1,428.03 BTC	12/08/2009
$1.00 USD	=	1,392.33 BTC	12/07/2009
$1.00 USD	=	1,364.56 BTC	12/06/2009
$1.00 USD	=	1,336.80 BTC	12/05/2009
$1.00 USD	=	1,340.76 BTC	12/04/2009
$1.00 USD	=	1,297.13 BTC	12/03/2009
$1.00 USD	=	1,257.46 BTC	12/02/2009
$1.00 USD	=	1,233.66 BTC	12/01/2009
$1.00 USD	=	1,213.83 BTC	11/30/2009
$1.00 USD	=	1,205.89 BTC	11/29/2009
$1.00 USD	=	1,178.13 BTC	11/28/2009
$1.00 USD	=	1,162.26 BTC	11/27/2009
$1.00 USD	=	1,114.66 BTC	11/26/2009
$1.00 USD	=	1,110.69 BTC	11/25/2009
$1.00 USD	=	1,078.96 BTC	11/24/2009
$1.00 USD	=	999.62 BTC	11/23/2009
$1.00 USD	=	944.09 BTC	11/22/2009
$1.00 USD	=	940.12 BTC	11/21/2009
$1.00 USD	=	928.22 BTC	11/20/2009
$1.00 USD	=	932.19 BTC	11/19/2009
$1.00 USD	=	904.42 BTC	11/18/2009
$1.00 USD	=	848.89 BTC	11/17/2009
$1.00 USD	=	840.96 BTC	11/16/2009
$1.00 USD	=	809.22 BTC	11/15/2009
$1.00 USD	=	777.49 BTC	11/14/2009
$1.00 USD	=	737.82 BTC	11/13/2009
$1.00 USD	=	745.75 BTC	11/12/2009
$1.00 USD	=	769.55 BTC	11/11/2009
$1.00 USD	=	809.22 BTC	11/10/2009
$1.00 USD	=	793.35 BTC	11/09/2009
$1.00 USD	=	793.35 BTC	11/08/2009
$1.00 USD	=	781.45 BTC	11/07/2009
$1.00 USD	=	777.49 BTC	11/06/2009
$1.00 USD	=	765.59 BTC	11/05/2009
$1.00 USD	=	765.59 BTC	11/04/2009
$1.00 USD	=	785.42 BTC	11/03/2009
$1.00 USD	=	796.09 BTC	11/02/2009
$1.00 USD	=	820.27 BTC	11/01/2009
$1.00 USD	=	802.17 BTC	10/31/2009
$1.00 USD	=	796.41 BTC	10/30/2009
$1.00 USD	=	790.17 BTC	10/29/2009
$1.00 USD	=	778.48 BTC	10/28/2009
$1.00 USD	=	791.63 BTC	10/27/2009
$1.00 USD	=	789.75 BTC	10/26/2009
$1.00 USD	=	776.35 BTC	10/25/2009
$1.00 USD	=	785.42 BTC	10/24/2009
$1.00 USD	=	795.44 BTC	10/23/2009
$1.00 USD	=	819.80 BTC	10/22/2009
$1.00 USD	=	826.02 BTC	10/21/2009
$1.00 USD	=	810.71 BTC	10/20/2009
$1.00 USD	=	801.29 BTC	10/19/2009
$1.00 USD	=	816.02 BTC	10/18/2009
$1.00 USD	=	805.56 BTC	10/17/2009
$1.00 USD	=	803.27 BTC	10/16/2009
$1.00 USD	=	854.66 BTC	10/15/2009
$1.00 USD	=	880.62 BTC	10/14/2009
$1.00 USD	=	885.91 BTC	10/13/2009
$1.00 USD	=	907.40 BTC	10/12/2009
$1.00 USD	=	867.02 BTC	10/11/2009
$1.00 USD	=	892.52 BTC	10/10/2009
$1.00 USD	=	833.02 BTC	10/09/2009
$1.00 USD	=	922.27 BTC	10/08/2009
$1.00 USD	=	952.02 BTC	10/07/2009
$1.00 USD	=	1,130.53 BTC	10/06/2009
$1.00 USD	=	1,309.03 BTC	10/05/2009

출처: Bitcoin Wiki

부록 II Granger 인과관계/GARCH 모형 분석

Granger 인과관계 분석

Pairwise Granger Causality Tests
Date: 10/04/17 Time: 17:06
Sample: 2010M08 2017M09
Lags: 2

Null Hypothesis:	Obs	F-Statistic	Prob.
LDOLX does not Granger Cause LBC	84	2.88299	0.0619
LBC does not Granger Cause LDOLX		1.19817	0.3072

Pairwise Granger Causality Tests
Date: 10/04/17 Time: 17:05
Sample: 2010M08 2017M09
Lags: 2

Null Hypothesis:	Obs	F-Statistic	Prob.
LGW does not Granger Cause LBC	84	1.25032	0.2920
LBC does not Granger Cause LGW		2.56803	0.0831

Pairwise Granger Causality Tests
Date: 10/04/17 Time: 17:06
Sample: 2010M08 2017M09
Lags: 2

Null Hypothesis:	Obs	F-Statistic	Prob.
LGW does not Granger Cause LDOLX	84	0.64376	0.5280
LDOLX does not Granger Cause LGW		1.31823	0.2734

GARCH 모형 분석

Dependent Variable: LBC
Method: ML – ARCH (Marquardt) – Normal distribution
Date: 10/04/17   Time: 16:32
Sample: 2010M08 2017M09
Included observations: 86
Convergence achieved after 366 iterations
Presample variance: backcast (parameter = 0.7)
GARCH = C(4) + C(5)*RESID(–1)^2 + C(6)*GARCH(–1)

Variable	Coefficient	Std. Error	z-Statistic	Prob.
C	57.09810	10.43668	5.470907	0.0000
LDOLX	7.738679	0.745499	10.38053	0.0000
LGW	–8.059175	0.755945	–10.66107	0.0000
		Variance Equation		
C	0.281170	0.159857	1.758883	0.0786
RESID(–1)^2	0.974519	0.500110	1.948609	0.0513
GARCH(–1)	–0.148986	0.241482	–0.616965	0.5373

R-squared	0.493611	Mean dependent var	4.353443
Adjusted R-squared	0.481409	S.D. dependent var	2.699621
S.E. of regression	1.944085	Akaike info criterion	2.967100
Sum squared resid	313.6957	Schwarz criterion	3.138333
Log likelihood	–121.5853	Hannan-Quinn criter.	3.036013
Durbin-Watson stat	0.097992		

Dependent Variable: LDOLX
Method: ML－ARCH (Marquardt)－Normal distribution
Date: 10/04/17 Time: 16:34
Sample: 2010M08 2017M09
Included observations: 86
Failure to improve Likelihood after 8 iterations
Presample variance: backcast (parameter = 0.7)
GARCH = C(4) + C(5)*RESID(－1)^2 + C(6)*GARCH(－1)

Variable	Coefficient	Std. Error	z-Statistic	Prob.
C	7.402643	0.179230	41.30250	0.0000
LGW	－0.278374	0.016052	－17.34238	0.0000
LBC	0.024803	0.000333	74.57621	0.0000
		Variance Equation		
C	0.000114	3.98E-05	2.868209	0.0041
RESID(－1)^2	0.728524	0.222782	3.270119	0.0011
GARCH(－1)	0.166034	0.121074	1.371343	0.1703

R-squared	0.166471	Mean dependent var	4.457139
Adjusted R-squared	0.146386	S.D. dependent var	0.097798
S.E. of regression	0.090357	Akaike info criterion	－3.154578
Sum squared resid	0.677643	Schwarz criterion	－2.983345
Log likelihood	141.6469	Hannan-Quinn criter.	－3.085665
Durbin-Watson stat	0.108005		

Dependent Variable: LGW
Method: ML–ARCH (Marquardt)–Normal distribution
Date: 10/04/17 Time: 16:35
Sample: 2010M08 2017M09
Included observations: 86
Convergence achieved after 54 iterations
Presample variance: backcast (parameter = 0.7)
GARCH = C(4) + C(5)*RESID(–1)^2 + C(6)*GARCH(–1)

Variable	Coefficient	Std. Error	z-Statistic	Prob.
C	12.08028	0.408180	29.59551	0.0000
LBC	–0.003473	0.003311	–1.048876	0.2942
LDOLX	–0.288621	0.093912	–3.073308	0.0021
		Variance Equation		
C	0.000764	0.000493	1.550644	0.1210
RESID(–1)^2	1.053099	0.369274	2.851813	0.0043
GARCH(–1)	0.001137	0.200963	0.005657	0.9955

R-squared	0.233550	Mean dependent var	10.79670
Adjusted R-squared	0.215081	S.D. dependent var	0.137995
S.E. of regression	0.122258	Akaike info criterion	–2.002604
Sum squared resid	1.240602	Schwarz criterion	–1.831371
Log likelihood	92.11199	Hannan-Quinn criter.	–1.933691
Durbin-Watson stat	0.215689		

참고문헌

제1장

Federal Reserve System, St. Louis

International Financial Statistics, IMF

N. Gregory Mankiw, Principles of Economics, Cengage Learning, 2015

서울신문·한국은행, 한국은행과 함께하는 톡톡 경제콘서트, 2015

앨빈 토플러·하이디 토플러 (김중웅 옮김), 부의 미래, 청림출판, 2006

유시민, 유시민의 경제학카페, 돌베개, 2011

이환호, 외환론: 이론과 실제, 2014

토머스 H. 그레코 Jr. (전미영 옮김), 화폐의 종말, AK, 2010

http://news.hankyung.com/article/2007120297561

http://news.joins.com/article/16691856

http://stats.bis.org/statx/srs/table/d5.1?p=20002&c=

http://www.eknews.net/xe/EU/144227

http://www.khasset.com/plan/sliders.html?tname=plan01&mode=view&idx=91&page=1&key=&keystring=&category=

http://www.polgeonow.com/2014/08/map-which-countries-use-euro-plus-this.html

http://www.chartbookofeconomicinequality.com

제2장

구본철, 융복합이란 무엇인가?, K-Content, 2015

박용재 외, 콘텐츠 산업의 융합 유형별 사례 및 전망, 전자통신동향분석, 한국전자통신연구원, 2010년 10월

송병건, 세계화 시대에 돌아보는 세계경제사, 도서출판 해남, 2005

에릭 브린욜프슨·앤드류 매카피 (정지훈·류현정 역), 기계와의 전쟁, 틔움출판, 2013

최재용 외, 이것이 4차 산업혁명이다, 매일경제신문사, 2017
클라우스 슈밥 (송경진 옮김), 제4차 산업혁명, 새로운현재, 2016
팀 하포드 (이진원 역), 경제학콘서트, 웅진 지식하우스, 2008
한국표준협회, 4차 산업혁명을 이끄는 융복합 기술의 표준화 연계 전략, 2016
http://heraldk.com/2016/12/25/
http://m.etnews.com/20160317000236
http://magazine.hellot.net/magz/article/articleDetail.do?flag=all&showType=showType1&articleId=ARTI_000000000041825&articleAllListSortType=sort_1&page=1&selectYearMonth=201606&subCtgId=
http://news.joins.com/article/21601740
http://www.aethon.com/industry-4-0-means-manufacturers/
http://www.hani.co.kr/arti/science/science_general/761051.html
https://frankdiana.net/2017/10/31/loneliness-aging-robots-and-health/
https://www.theatlantic.com/business/archive/2012/06/the-economic-history-of-the-last-2-000-years-in-1-little-graph/258676/

제3장

김진화, 넥스트머니 비트코인, 부키, 2013
마이클 케이시·폴 비냐 (유현재·김지연 옮김), 비트코인 현상, 블록체인 2.0, 미래의 창, 2015
사토시 나카모토, 비트코인: 개인간 전자화폐 시스템, 2009 (번역 츄이스, Naver.com)
아카하네 요시하루·아이케이 마나부 (양현 옮김), 블록체인 구조와 이론, 위키북스, 2017
안드레아스 안토노풀로스 (최은실 외 옮김), 비트코인, 블록체인과 금융의 혁신, 고려대학교 출판문화원, 2015
오태민, 비트코인은 강했다, 케이디북스, 2017
이운희 외, 비트코인 쉽게 배우기, 한스미디어, 2014
최승주·김종배, ASIC 채굴방식과 GPU 채굴방식의 채굴성능 비교, *Asia-pacific Journal of Multimedia Services Convergent with Art, Humanities, and Sociology*, Vol.7, No.5, May, 2017, pp.829-836

최재용 외, 이것이 4차 산업혁명이다, 매일경제신문사, 2017

http://bitaddress.org

http://bitcoin.org/ko/

http://bitcoinrichlist.com

http://biz.chosun.com/site/data/html_dir/2017/05/24/2017052401635.html

http://blockchain.info

http://dx.doi.org/10.14257/ajmahs.2017.05.03

http://kr.minescoin.com/kind/ripple/iou.html

http://kr.wsj.com/posts/2014/03/07/%EB%B9%84%ED%8A%B8%EC%BD%94%EC%9D%B8-%EC%B0%BD%EC%8B%9C%EC%9E%90-%EB%B0%9D%ED%9E%8C-%EB%89%B4%EC%8A%A4%EC%9C%84%ED%81%AC%EC%9D%98-%EB%B3%B4%EB%8F%84-%EC%82%AC%EC%8B%A4%EC%9D%BC%EA%B9%8C/

http://localbitcoins.com

http://news.einfomax.co.kr/news/articleView.html?idxno=3412806

http://news.hankyung.com/article/2015110699458

http://news.joins.com/article/20716182

http://news.joins.com/article/21813423

http://newsweekkorea.com/?p=2579

http://organofcorti.blogspot.com

http://seobitcoin.com/

http://www.asiatoday.co.kr/view.php?key=20170925010011903

http://www.bestbitcoinexchange.io

http://www.bitcoinscloudmining.com/what-is-bitcoin-the-most-google-searched-term/

http://www.bithub.co.kr/print.php?ud=2015111018480000004987_16

http://www.bodnara.co.kr/bbs/article.html?num=109216

http://www.businessinsider.com/bitcoin-pizza-day-passes-2000-20-million-2017-5

http://www.cryptocoin.kr/entry/%EB%A7%88%EC%9D%B4%EB%84%88%EA%B2%8C%EC%9D%B4%ED%8A%B8-%ED%81%B4%EB%9D%BC%EC%9A%B0%EB%93%9C-vs-%EC%A0%9C%EB%84%A4%EC%8B%9C%EC%8A%A4-%EB%A7%88%EC%9D%B4%EB%8B%9D-%EA%B0%80%EC%84%B1%EB%B9%84-%EB%B9%84%EA%B5%90

http://www.cryptocoin.kr/entry/%EB%B9%84%ED%8A%B8%EC%BD%94%EC%9D%B8%EA%B0%80%EC%83%81%ED%99%94%ED%8F%90%EC%9C%BC%EB%A1%9C-%EB%8F%88%EC%9D%84-%EB%B2%84%EB%8A%94-4%EA%B0%80%EC%A7%80-%EB%B0%A9%EB%B2%95
http://www.imdb.com/title/tt3910512/
https://appspicket.com/private-key-security-cryptocurrency/
https://blockchain.info/ko/address/1Ge6ubv3eHLQ8HcKtGhEMYX5urHPn3WMtL
https://blockchain.info/ko/pools
https://coin.dance/stats
https://coinmarketcap.com
https://organicmedialab.com/2014/02/20/bitcoin-addresses-transactions-and-wallets/
https://steemit.com/coinkorea/@segyepark/4xj2wb
https://steemit.com/kr/@kimhyeran/coin-map
https://www.bitcoin.com/info/bitcoin-cash-is-bitcoin
https://www.coinhills.com/ko/market/exchange/

제4장

김명직·장국현, 금융시계열분석, 경문사, 2002
박녹선·최창규, 가상화폐의 가격은 어떻게 결정될까?, NH투자증권, 2017
현대경제연구원, 국내 가상화폐의 유형별 현황 및 향후 전망, VIP Report, 2014
http://news.joins.com/article/21836050
http://news.joins.com/article/21952033
http://www.barchart.com/charts/stocks/$DXY
http://www.coinass.com
http://www.coinhills.com/ko/market/currency
https://blockchain.info/charts
https://blockchain.info/stats
https://coinmarketcap.com/currencies/views/all/
https://spib.wooribank.com/pib
https://www.buybitcoinworldwide.com/ko/price

제5장

김진화, 넥스트머니 비트코인, 부키, 2013

노구치 유키오 (김정환 옮김), 가상통화 혁명, 한스미디어, 2015

마이클 케이시·폴 비냐 (유현재·김지연 옮김), 비트코인 현상, 블록체인 2.0, 미래의 창, 2015

오태민, 비트코인은 강했다, 케이디북스, 2017

http://www.seunghwanhan.com/2015/06/satoshi-nakamoto-candidates.html#!/2015/06/satoshi-nakamoto-candidates.html

저자약력

이현재

- 위스콘신대 (밀워키 분교) 경제학박사: 국제금융 전공
- 청주대학교 경상대학 경제학과 교수

- 통계청 자문위원
- MBC충북 "생활과 경제" 프로그램 진행
- Marquis Who's Who 세계인명사전 등재
- 유엔개발계획(UNDP) 통계자문
- 케임브리지대학교 경제학과 방문교수
- 한중경상학회 부회장
- 충북개발공사 사외이사
- (주)서정 테크놀로지 자문위원

〈주요 저서 및 논문〉

- 경제발전론 (공저), 박영사, 1996
- 경제학원론 (역저), 생능출판사, 2005
- 통화수요함수의 장기적 안정성 검정: 논평, 한국개발연구 (1995)
- Empirical Analysis of the Psychological Hypothesis on Exchange Rate Determination and Testing Its Forecastability: The Korean Experience, Journal of Economic Integration (2002)
- GARCH-M모형에 의한 ASEAN+3 국가의 화폐통합에 관한 실증분석, 동북아경제연구 (2007)
- 보상수요함수에 의한 금융시장의 효율성에 관한 실증분석, 국제지역연구 (2007)
- 한국의 외환시장 효율성 검정-미국, 일본, 영국 및 유로지역과의 비교를 중심으로, 국제지역연구 (2009)
- 한중일 3개국의 화폐통합과 기축통화 설정에 관한 연구, 국제지역연구 (2010)
- 글로벌 외환시장의 환율 결정구조 분석에 관한 실증분석: 주요 10개국을 중심으로, 국제지역연구 (2010)
- ARDL-Bounds 검정에 의한 국내 선물시장의 효율성에 관한 실증분석, 금융지식연구 (2011)
- Testing for the Possibility of a Monetary Union in the ASEAN+3 Countries: Rationality and Asymmetric Loss Functions, Applied Economics Letters (2012)
- 콜-풋 패리티에 의한 KOSPI 200 주가지수 옵션시장의 효율성에 관한 실증분석, 금융지식연구 (2012)

이대희

- (주)서정 테크놀로지 대표이사
- 한국블럭체인연구소 자문위원
- 고려대학교 평생교육원 온라인마케팅 최고경영자 과정 강사
- 한중청년리더협회 이사

블록체인과 가상화폐 투자 전략
– 가상화폐의 출현 배경과 미래 –

초판 인쇄 2018년 2월 10일
초판 발행 2018년 2월 20일

지은이 이현재 · 이대희
펴낸이 박노일

총괄기획 김중용 · 최준규
편 집 심성보

펴낸곳 pnc publishing and culture 피앤씨미디어
경기도 고양시 일산동구 강송로 153 310-1501
등록 제396-2012-000203호
전 화 070)7550-3758 팩 스 02)718-8554
홈페이지 www.pncmedia.co.kr 이메일 pnc@pncmedia.co.kr
ISBN 979-11-5730-543-8 03320

정 가 16,000원